Refus, politesse et variation régionale en Francophonie

Bernard Mulo Farenkia

Refus, politesse et variation régionale en Francophonie

Étude comparative Cameroun – France

Cuvillier Verlag Göttingen
Internationaler wissenschaftlicher Fachverlag

Bibliografische Information der Deutschen Nationalbibliothek
Die Deutsche Nationalbibliothek verzeichnet diese Publikation in der
Deutschen Nationalbibliografie; detaillierte bibliografische Daten sind im Internet
über http://dnb.d-nb.de abrufbar.
1. Aufl. - Göttingen: Cuvillier, 2018

Cet ouvrage a été publié grâce à l'appui financier du Bureau de la Recherche de Cape Breton University que nous remercions particulièrement

© CUVILLIER VERLAG, Göttingen 2018
  Nonnenstieg 8, 37075 Göttingen
  Telefon: 0551-54724-0
  Telefax: 0551-54724-21
  www.cuvillier.de

Alle Rechte vorbehalten. Ohne ausdrückliche Genehmigung des Verlages ist es nicht gestattet, das Buch oder Teile daraus auf fotomechanischem Weg (Fotokopie, Mikrokopie) zu vervielfältigen.
1. Auflage, 2018
Gedruckt auf umweltfreundlichem, säurefreiem Papier aus nachhaltiger Forstwirtschaft.

  ISBN 978-3-7369-9744-8
  eISBN 978-3-7369-8744-9

Remerciements

Père Céleste,

Merci d'être ma source de vie et d'inspiration.

Merci pour Ta main bénie qui me conduit et me dirige.

Toute ma gratitude à tous ceux, nombreux, qui ont contribué à la réalisation de ce projet.

Une mention particulière à mon épouse, Élise, et à nos enfants, Darryl, Melvin, Bethany et Clover, pour leur amour et soutien constant.

Table des matières

Introduction générale 1

Chapitre 1 : Cadre théorique de l'étude. 5
1.1. Les actes de langage et leurs réalisations linguistiques. 5
1.2. Actes de langage, relation interpersonnelle et politesse. 6
1.3. Faces, acte de refus et politesse 8
1.4. Pragmatique différentielle du français langue pluricentrique 9
1.4.1. Définitions et démarquages 9
1.4.2. Principes méthodologiques et axes d'analyse 11
1.5. Travaux antérieurs 13
1.6. Pratiques langagières et ethos communicatif 13

Chapitre 2 : Méthodologie 19
2.1. La collecte des données 19
2.2. L'analyse des données 22

Chapitre 3 : Comparaison des refus de demandes d'aide 27
3.1. Introduction 27
3.2. Les types d'actes employés 27
3.3. Les types de formulations 29
3.3.1. Les refus directs 29
3.3.2. Les refus indirects 32
3.3.2.1. Les justifications et explications 33
3.3.2.2. Les excuses et regrets 38
3.3.2.3. Les suggestions et conseils 39
3.3.2.4. Les reproches 41
3.3.2.5. Les promesses 42
3.3.2.6. Les autres types de refus indirects 43
3.4. L'adoucissement et l'amplification des refus 45
3.4.1. Les actes subordonnés 45
3.4.2. Les adoucisseurs et amplificateurs lexicaux, morphologiques
et syntaxiques 47
3.4.2.1. Les adoucisseurs 48
3.4.2.2. Les amplificateurs 50
3.4.2.2.1. Les intensificateurs 50
3.4.2.2.2. Les durcisseurs 52

3.5. Les formes d'adresse 55
3.6. Conclusion 57

Chapitre 4 : Comparaison des refus d'invitations 59
4.1. Introduction 59
4.2. Les types d'actes employés 59
4.3. Les types de formulations 61
4.3.1. Les refus directs 61
4.3.2. Les refus indirects 64
4.3.2.1. Les justifications et explications 66
4.3.2.2. Les excuses et regrets 70
4.3.2.3. Les promesses 72
4.3.2.4. Les suggestions 73
4.3.2.5. Les allusions aux principes 74
4.3.2.6. Les autres types de refus indirects 75
4.4. L'adoucissement et l'amplification des refus 76
4.4.1. Les actes subordonnés 76
4.4.1.1. Les expressions de bonne foi 77
4.4.1.2. Les expressions de gratitude 79
4.4.1.3. Les demandes et questions 79
4.4.1.4. Les valorisations de l'invitation 80
4.4.1.5. Les promesses et vœux 81
4.4.1.6. Les autres types d'actes subordonnés 81
4.4.2. Les adoucisseurs et amplificateurs lexicaux, morphologiques
et syntaxiques 82
4.4.2.1. Les adoucisseurs 83
4.4.2.2. Les intensificateurs 84
4.5. Les formes d'adresse 85
4.6. Conclusion 87

Chapitre 5 : Comparaison des refus d'offres 89
5.1. Introduction 89
5.2. Les types d'actes employés 90
5.3. Les types de formulations 91
5.3.1. Les refus directs 91
5.3.2. Les refus indirects 94
5.3.2.1. Les justifications et explications 95
5.3.2.2. Les dissuasions 98
5.3.2.3. Les expressions de préférence 100
5.3.2.4. Les allusions aux principes 101
5.3.2.5. Les excuses et regrets 102

5.3.2.6. Les autres types de refus indirects 102
5.4. L'adoucissement et l'amplification des refus 103
5.4.1. Les actes subordonnés 103
5.4.1.1. Les expressions de gratitude 104
5.4.1.2. Les valorisations de l'offre 107
5.4.1.3. Les expressions de bonne foi 108
5.4.1.4. Les autres types d'actes subordonnés 109
5.4.2. Les adoucisseurs et amplificateurs lexicaux, morphologiques
et syntaxiques 109
5.4.2.1. Les adoucisseurs 110
5.4.2.2. Les amplificateurs 112
5.4.2.2.1. Les intensificateurs 112
5.4.2.2.2. Les durcisseurs 114
5.5. Les formes d'adresse 116
5.6. Conclusion 117

Chapitre 6 : Comparaison de la variation des stratégies selon les types d'actes initiateurs 119
6.1. Introduction 119
6.2. Variation des types d'actes employés 119
6.3. Variation des actes centraux 121
6.3.1. Variation des stratégies directes 122
6.3.2. Variation des stratégies indirectes 124
6.4. Variation des actes subordonnés 127
6.5. Variation des formes d'adresse 129
6.5.1. Variation des formes pronominales 130
6.5.2. Variation des formes nominales 131
6.6. Conclusion 132

Conclusion générale 133

Références bibliographiques 141

Introduction générale

Nous proposons dans cet ouvrage une étude comparée de l'expression du refus en français du Cameroun et en français de France. À cet effet, nous scrutons les stratégies de refus attestées de part et d'autre ainsi que l'influence des facteurs tels que le degré de familiarité et la distance hiérarchique entre les interlocuteurs et les types d'actes initiateurs (offres, invitations et demandes) sur le fonctionnement du refus dans les interactions verbales au Cameroun et en France. Alors qu'on assiste à la multiplication de travaux sur les aspects phonétiques, morphologiques, syntaxiques et lexico-sémantiques des français régionaux, on note que peu de chercheurs s'intéressent particulièrement aux phénomènes pragmatico-discursifs de ces variétés du français. Il va sans dire que la diversification des normes et pratiques endogènes du français s'observe aussi dans la réalisation des actes de langage, les pratiques de la politesse, entre autres. Alors, la nécessité d'explorer aussi cette dimension pragmatico-discursive des français régionaux s'impose d'elle-même.

Pour déblayer une parcelle de cette dimension pragmatico-discursive des français régionaux dans une perspective comparative, nous nous proposons ici de nous pencher sur la manière dont les locuteurs du français du Cameroun et ceux du français de France formulent, contextualisent et varient leurs refus selon qu'ils repoussent des offres, invitations et demandes de service formulées par leurs amis, leurs patrons, leurs professeurs ou des personnes inconnues dans différents types d'échanges verbaux. L'étude s'inscrit dans les cadres théoriques de la pragmatique des interactions verbales, de la politesse linguistique et de la pragmatique différentielle du français langue pluricentrique et elle repose sur des observables recueillis auprès de deux groupes de locuteurs des deux variétés du français.

Nous avons opté pour une étude de l'acte de refus pour plusieurs raisons. La première motivation tient de notre projet en cours axé sur la variation régionale des actes de langage en français langue pluricentrique. Les travaux déjà effectués dans le cadre de ce projet ont permis de mettre en relief de nombreuses différences et similitudes dans la formulation du compliment en français du Cameroun et en français du Canada (cf. Mulo Farenkia, 2012a ; 2012b ; 2012c ; 2012d ; 2014 : 39-134), la réalisation des réponses aux compliments en français du Cameroun et en français du Canada (cf. Mulo Farenkia, 2014 : 135-188), l'expression du refus initié par des invitations en français de France et en français du Cameroun (cf. Mulo Farenkia, 2015a), l'actualisation des refus d'offres en français de France et en français du Cameroun (cf. Mulo Farenkia, 2017a) et la réalisation des refus de demandes de service (cf. Mulo Farenkia, 2017b).

Le deuxième intérêt est lié au fait que l'acte de refus en français est, comparativement aux autres actes de langage, une activité communicative relativement peu étudiée. Parmi les travaux déjà effectués sur cet acte, on peut citer l'article de Croll (1995) sur l'acte de refus dans le discours politique médiatisé en France, la thèse de doctorat de Trinh Duc (1999) qui propose une étude comparée du refus dans les interactions commerciales en France et au Vietnam, l'analyse de Manno (1999) axée sur les lettres de refus d'emploi en français, l'article de Mbow (2011) sur le fonctionnement du refus dans les interactions commerciales en France et l'article de Berrier (2000) sur le refus et la politesse en français du Canada (Québec). A cela s'ajoutent quelques études sur le refus en français du Cameroun (cf. Mulo Farenkia, 2014c, 2015b et 2016).

La troisième motivation résulte de la complexité de l'acte de refus du point de vue de la formulation, la gestion des faces et la variation stylistique ; une complexité qui fait du refus un acte particulièrement intéressant pour une analyse pragmatique comparée. Cela est d'autant vrai que

> le refus exige une compétence socio-pragmatique très développée. Cet acte est en effet une déclaration d'hostilité, surtout lorsqu'il est prononcé à titre personnel : le refus d'une invitation, d'un cadeau, etc. est par métonymie le rejet de celui qui invite ou offre, ce qui est susceptible de susciter des agressions, voire de provoquer la rupture. [...] Celui qui doit opposer un refus à autrui, s'il ne veut pas lui faire perdre la face, est censé construire un message négatif qui repousse et lénifie à la fois (Manno, 1999 : 30-40).

En ce qui concerne la réalisation linguistique du refus par exemple, les analyses effectuées jusqu'à présent révèlent que, bien qu'il soit possible de recourir aux formules telles que *« non »*, *« je refuse de »*, *je ne peux pas »*, etc. pour décliner des offres, invitations, demandes de service, etc., les locuteurs préfèrent généralement des formules plus ou moins complexes, parce que celles-ci semblent mieux appropriées pour concilier deux aspects fondamentaux de la communication du refus, à savoir *« dire non »* et *« ménager les faces de l'autre »*. C'est dans ce sens que Croll (1995 : 82) affirme que

> le refus, s'il peut être brutal, cantonné à un acte langagier minimal comme le « non ! » ou à un pur refus d'agir, s'accompagne le plus souvent d'excuses, de justifications. Il peut aussi atténuer, voire masquer, ce qu'il a d'offensant par le recours à un acte indirect dans lequel le refus n'est pas formulé comme tel.

La prise en compte de cette complexité du refus dans les interactions verbales engendre systématiquement l'utilisation d'une gamme de stratégies discursives, dont le choix et la combinaison au sein d'une communauté discursive sont déterminés par différents paliers des relations humaines ainsi que par les normes socioculturelles du contexte où l'échange verbal a lieu. Concernant le français langue pluricentrique, la problématique de la complexité du refus et de son actualisation dans différentes variétés régionales du français est un axe de recherche qui mérite bel et bien d'être exploré. En effet, une étude comparée du refus dans plusieurs variétés régionales du français pourrait permettre de cerner et comparer la manière dont les locuteurs de ces français régionaux mettent leur compétence socio-pragmatique en œuvre pour dire non et préserver les faces de leurs interlocuteurs. En outre, une telle analyse pourrait permettre, par ricochet, d'appréhender un pan des styles interactionnels des locuteurs des variétés étudiées. Pour illustrer ce type de variation pragmatique régionale, nous nous focaliserons sur le refus en français du Cameroun et en français de France.

L'ouvrage est structuré en six chapitres. Les deux premiers sont respectivement consacrés aux aspects théoriques et méthodologiques de l'étude. Le troisième chapitre offre une analyse comparée des refus de demandes d'aide. Le chapitre 4 est consacré à la comparaison des refus d'invitations alors que le chapitre 5 examine les refus d'offres en français de France et en français du Cameroun. Au chapitre 6, nous examinons la variation des stratégies de refus en fonction des actes initiateurs dans les deux variétés du français. La conclusion présente une récapitulation et discussion des résultats obtenus et livre quelques remarques sur les orientations que pourraient prendre les recherches ultérieures dans ce domaine.

Chapitre 1 : Cadre théorique de l'étude

1.1. Les actes de langage et leurs réalisations linguistiques

Comme nous l'avons déjà indiqué, notre étude s'inscrit dans le cadre théorique de la pragmatique des interactions verbales et s'appuie sur le principe fondateur de la théorie des actes de langage selon laquelle « l'on peut faire des choses, et des choses fort diverses, par la simple production d'énoncés langagiers. [...] Tout énoncé est ainsi doté d'une charge pragmatique, certes plus ou moins forte et évidente selon les cas, mais toujours présente » (Kerbrat-Orecchioni 2005a : 21-22). C'est dans cette optique que nous considérons l'acte de refus comme une pratique discursive visant « à produire un certain effet et à entraîner une certaine modification de la situation interlocutive » (Kerbrat-Orecchioni, 2005a : 16).

Les actes de langage sont, il faut le rappeler ici, les unités de base de l'interaction verbale pouvant se réaliser de différentes manières. À ce propos, les chercheurs s'accordent à reconnaitre qu'un « même acte de langage (une même valeur illocutoire) peut recevoir un grand nombre de réalisations différentes » (Kerbrat-Orecchioni, 2005a : 34). Pour ce qui est du refus, notre objet d'étude, les analyses montrent que cet acte peut prendre la forme d'une formulation brutale du type d'un « non », d'une formulation directe exprimant l'impossibilité d'accepter l'invitation ou l'offre (par exemple : « *je ne peux pas (accepter) votre invitation* », « *c'est impossible pour moi d'accepter cette offre* »), d'une formule explicite performative telle que « *je dis non* » ou « *je refuse de déménager* », d'une justification comme « *j'as pas mal de choses à faire ce jour-là* », d'une promesse telle que « *on prendra ce pot la prochaine fois, je te promets* », etc.

Du point de vue interactionnel, on note aussi que les locuteurs peuvent faire appel à un énoncé minimal pour réaliser l'acte, comme c'est le cas lorsque le locuteur se sert de la formule explicite performative, « *je me vois obligé de refuser votre invitation/offre* », pour repousser une invitation ou une offre. Mais il arrive aussi que le locuteur utilise une intervention composée de plusieurs énoncés pour transmettre son intention de refuser une offre, demande ou invitation. On parle dans ce cas d'un macro-acte de langage se composant d'un acte central ou directeur et des actes additifs. Au sein de cette macrostructure, il y a un acte noyau « qui donne à l'ensemble de l'intervention sa valeur pragmatique globale (...) c'est sur [lui] que doit s'effectuer prioritairement l'enchaînement » (Kerbrat-Orecchioni, 2005a : 60). Les autres actes sont considérés comme encadrants ou subordonnés, puisque leur « présence est secondaire d'un point de vue structural et [leur] fonction est variable (rituelle, argumentative, reformulative) » (Kerbrat-Orecchioni, 2005a : 60).[1] Le choix d'un énoncé minimal ou d'un énoncé complexe pour exprimer le refus peut être motivé par des considérations liées à la politesse et la préservation des relations interpersonnelles.

1.2. Actes de langage, relation interpersonnelle et politesse

En effet, les actes de langage jouent un rôle de premier plan dans l'organisation de l'interaction, la gestion des rapports interpersonnels et des faces. De fait, diverses approches peuvent être envisagées à cet effet. La première stipule que le choix d'un acte de langage et la manière dont il est réalisé peuvent servir de miroir reflétant le type de rapports qui existent entre les interlocuteurs. L'autre perspective suggère qu'en produisant un acte de langage spécifique ou en le réalisant d'une certaine manière, le locuteur construit un certain rapport avec l'autre et modifie, dans ce cas, les rapports préexistants (cf. Kerbrat-Orecchioni, 2005a : 68-72). On doit aussi prendre en considération le fait que les actes de langage et leurs réalisations linguistiques peuvent menacer ou flatter les faces des interlocuteurs. Autrement dit, les actes de langage peuvent être polis ou impolis. On peut illustrer cet aspect en examinant le rapport entre l'acte de refus et la politesse.

Rappelons tout d'abord les grandes lignes de la théorie consacrée à la politesse. La théorie de la politesse développée par Brown et Levinson (1987) repose, pour l'essentiel, sur la notion de face. Selon Goffman (1974), chaque individu présente deux faces au cours d'une interaction : une face positive qui « correspond en gros au narcissisme et à l'ensemble des images valorisantes que les interlocuteurs construisent et tentent d'imposer d'eux-mêmes dans l'interaction » (Kerbrat-Orecchioni, 1992 : 168), et une face négative, qui n'est rien d'autre que le territoire corporel, spatial, temporel ou tout ce qui relève de la sphère privée à laquelle l'autre ne saurait accéder sans

---

[1] Se référer aux chapitres 3, 4 et 5 pour des exemples illustratifs.

l'autorisation de son propriétaire (*ibid.*, p. 167). Ces deux faces peuvent être la cible de plusieurs types d'actes menaçants ou Face Threatening Acts (FTAs) (voir Brown et Levinson, 1987 : 65-68). Pour préserver l'harmonie sociale, il convient de neutraliser ces actes menaçants moyennant des procédés de politesse dont le choix est souvent déterminé par le type et le degré de menace qui pèse sur les faces. Ces procédés de redressement peuvent relever soit de la politesse positive (Brown et Levinson, 1987 : 101), c'est-à-dire qu'ils sont dirigés vers la face positive de l'interlocuteur, soit de la politesse négative, c'est-à-dire qu'ils peuvent être orientés vers la face négative de l'autre (*ibid.*, p. 129).

Ce modèle théorique, il faut le souligner, a fait l'objet de nombreuses critiques. Plusieurs chercheurs reprochent en effet à Brown et Levinson d'avoir une conception très négative ou « paranoïde » des interactions humaines, et de mettre en relief les actes menaçants pendant que les actes flatteurs (ex. compliment, remerciement, vœu, etc.) sont occultés. C'est dans cette perspective que Kerbrat-Orecchioni (1992) souligne que la politesse ne se limite pas à l'évitement des actes menaçants, mais qu'elle consiste aussi à mener des actions valorisantes (Face Flattering Acts ou FFA). Pour Zheng (1998 :156-157), par exemple, la politesse consiste à « donner de la face » au récepteur, c'est-à-dire à hausser sa valeur sociale, à « protéger la face du partenaire », à « gagner de la face », autrement dit à augmenter sa propre valeur sociale, à « protéger sa propre face », etc. La politesse se définit alors comme « l'ensemble des procédés ayant pour fonction de ménager ou de valoriser les faces d'autrui (sans pour autant mettre excessivement en péril ses propres faces), afin de préserver l'"ordre de l'interaction" » (Kerbrat-Orecchioni, 2014 :297).

Toutefois, l'ordre de l'interaction et l'harmonie sociale ne sont pas toujours préservés dans les interactions verbales. S'il y a des situations de communication où les stratégies de politesse mentionnées ci-dessus ne sont ni mises en œuvre ni respectées, certains actes de langage peuvent avoir des fonctions variables en termes de menace ou de valorisation des faces. La valeur d'un acte par rapport à la relation interpersonnelle et à la gestion des faces découle non seulement de sa valeur intrinsèque, mais aussi de ses modalités d'actualisation et du contexte culturel dans lequel l'interaction a lieu. Certains actes ont des valeurs socio-communicatives ambivalentes, ayant une composante agressive et une composante flatteuse pour les faces des interlocuteurs. Il serait donc intéressant de mieux comprendre la nature de l'acte de refus en relevant tout particulièrement ses effets sur les faces des interlocuteurs et les rapports interpersonnels.

1.3. Faces, acte de refus et politesse

Signalons tout d'abord que l'enchaînement dans un échange initié par des actes verbaux tels que l'invitation, la demande d'aide, la suggestion, l'offre, entre autres, et/ou par des actes non verbaux tels que les offres de cadeau ou service peut prendre la forme d'un acte préféré, l'acceptation, ou la forme d'un acte non-préféré, le refus. Du point de vue interactionnel, on peut ainsi définir le refus comme « un acte secondaire qui vient en réaction à un acte premier accompli par un partenaire de communication ou d'action » (Croll, 1995 : 82). En tant que réaction non-préférée, le refus peut s'actualiser, comme nous l'avons indiqué *supra*, moyennant un énoncé minimal ou un énoncé complexe.

Sous l'angle de la gestion des faces, le refus fait partie des activités communicatives (comme les reproches, les désaccords, etc.) qui peuvent provoquer une rupture de l'harmonie sociale et de l'ordre de l'interaction et susciter des agressions verbales, si ces actes communicatifs ne sont pas réalisés avec beaucoup de précautions. En effet, le refus est un acte qui peut s'interpréter comme une forme de rejet de la personne qui offre, invite ou formule une demande d'aide : en tant que tel le refus peut faire perdre la face au destinataire. Cet acte peut aussi mettre en péril la face à la personne qui refuse. D'autant plus qu'en refusant, on se présente comme une personne qui est indifférente aux besoins socio-communicatifs de l'autre. Dans les deux cas de figure, il y a turbulence dans l'harmonie sociale et l'ordre de l'interaction.

Il revient donc à la personne qui refuse de montrer à travers ses choix discursifs quelle orientation elle compte donner à l'échange verbal. Vise-t-elle l'apaisement ou l'affrontement ? Si elle est motivée par le souci de refuser tout en neutralisant les effets négatifs qu'implique le refus sur la face de l'autre, elle pourrait faire appel à un certain nombre de stratégies de politesse, telles que définies par Brown et Levinson (1987). Par contre, si la personne qui refuse ne tient pas compte des faces de son interlocuteur et des effets négatifs du refus sur l'harmonie sociale, elle choisira des énoncés non adoucis voire durcis pour exprimer son refus. On peut donc avancer l'hypothèse que les types de formulations du refus attestés dans un échange laissent transparaitre les visées socio-communicatives du locuteur.

En outre, le choix des stratégies de refus peut aussi être déterminé par le contexte sociolinguistique et culturel où se déroule l'interaction verbale. Par rapport à l'espace francophone on peut postuler que les stratégies de refus en français ne seront pas forcément les mêmes dans tous les pays francophones. L'expression du refus peut varier, comme les analyses effectuées dans les chapitres suivants le montrent, d'une variété régionale à une autre, et cela, à plusieurs niveaux. La variation régionale peut s'observer par exemple au niveau des types formulations attestés, c'est-à-dire au niveau de l'emploi des formulations directes et des formulations indirectes. La variation peut aussi être attestée au niveau de la manière dont les actes de refus sont modalisés, notamment en ce qui a trait aux types d'adoucisseurs et d'amplificateurs mis en œuvre. Les variations peuvent être d'ordre quantitatif et/ou qualitatif. Il s'agit là de quelques aspects de la variation pragmatique régionale qui sont au cœur de la pragmatique différentielle des français régionaux.

1.4. Pragmatique différentielle du français langue pluricentrique

1.4.1. Définitions et démarquages

Précisons d'emblée que l'étude effectuée ici se situe aussi dans le cadre de la pragmatique différentielle du français langue pluri- ou polycentrique. Le concept de langue pluricentrique, ainsi qu'il a été employé par de nombreux chercheurs (Clyne, 1992, Pöll, 2005, entre autres), caractérise « une langue qui n'a pas qu'un seul centre dont émanent les normes » (Pöll, 2005 : 19), une langue dont les locuteurs reconnaissent et valorisent la coexistence de plusieurs normes et modalités d'existence. C'est en partant de ce principe que maintes études ont exploré les régionalismes phonologiques, morphologiques, syntaxiques et lexico-sémantiques du français. L'analyse proposée ici porte plutôt sur la variation pragmatique régionale, c'est-à-dire sur les régionalismes d'ordre pragmatique, avec pour but de relever les différences et similitudes dans la manière de réaliser les actes de langage et d'autres phénomènes pragmatiques dans plusieurs espaces francophones. Cette approche est motivée par le constat

> que les locuteurs du français dans les différents espaces de la francophonie ne partagent pas forcément les mêmes valeurs culturelles et, par conséquent, n'adoptent pas toujours le même comportement discursif dans la réalisation d'un même phénomène pragmatique. (Mulo Farenkia, 2015b : 164).

Il s'agit d'une démarche qui rompt avec la perspective interlinguale ou interculturelle, celle axée sur l'examen des différences et similitudes entre deux ou plusieurs langues ou cultures différentes et qui est largement exploitée en pragmatique interculturelle (voir à ce sujet Blum-Kulka *et al.* 1989 ; Traverso, 2000 ; Wierzbicka 2003, entre autres). Plusieurs travaux relevant de la pragmatique contrastive ou interculturelle reposent sur la conception des langues comme entités homogènes et ignorent le fait que les locuteurs d'une même langue ne partagent pas forcément les mêmes valeurs culturelles et, par conséquent, n'adoptent pas toujours le même comportement discursif dans la réalisation d'un même phénomène pragmatique.

Contrairement à l'approche classique de la pragmatique contrastive, nous adoptons ici une analyse qui est sous-tendue par les principes de la pragmatique différentielle développée par Schneider et Barron (2008), dont l'objectif est de décrypter l'influence des facteurs macrosociaux comme la région, la classe sociale, le sexe, l'âge et l'identité ethnique sur l'actualisation des phénomènes pragmatiques dans les variétés régionales d'une langue pluricentrique. Cette approche est basée sur le principe que ces facteurs macrosociaux influent systématiquement sur l'usage de la langue en interaction et provoquent de la variation pragmatique (cf. Barron & Schneider, 2009: 427).

Considéré, à bien des égards, comme le versant pragmatique de la sociolinguistique variationniste, cet axe de la pragmatique que proposent Barron et Schneider porte sur l'examen comparatif de l'influence des cinq variables macrosociales citées plus haut sur la réalisation des actes de langage, l'organisation séquentielle du discours, la gestion des tours de parole, entre autres, dans plusieurs variétés régionales des langues pluricentriques (cf. Schneider et Barron, 2008 : 19-21). Au-delà de la variation macrosociale, les travaux dans ce domaine s'intéressent aussi à l'impact des facteurs microsociaux tels que le degré de familiarité et la distance hiérarchique sur l'actualisation des phénomènes pragmatiques. Par ailleurs, la pragmatique différentielle telle que développée par Schneider et Barron est sous-tendue par un certain nombre de principes méthodologiques et l'étude des faits pragmatiques peut s'effectuer à plusieurs niveaux.

1.4.2. Principes méthodologiques et axes d'analyse

Se situant aux confluents de la pragmatique et la sociolinguistique, la pragmatique différentielle intra-linguale a pour objectif de rendre compte de la variation régionale et sociale dans les analyses pragmatiques et d'ajouter "the pragmatic level to the other language levels overwhelmingly analyzed in dialectology" (Schneider 2010: 238). Les chercheurs s'accordent à reconnaitre que cette approche de la pragmatique apporte une orientation dialectologique à l'analyse pragmatique et une orientation pragmatique à l'analyse dialectologique (cf. Schneider, 2010: 238) et qu'elle repose sur des principes méthodologiques clairement définis.

Le premier principe stipule que toute analyse pragmatique différentielle se doit d'être empirique et celle-ci ne devrait en aucun cas se baser sur l'intuition du chercheur. Le corpus d'analyse utilisé à cet effet pourrait émaner d'une collection d'observables sollicités ou non-sollicités (cf. Barron et Schneider, 2009: 430). Le deuxième principe porte sur la contrastivité, lequel stipule que "linguistic features can be considered variety-specific only if the variety under study is contrasted with at least one other variety of the same kind and of the same language" (Barron et Schneider, 2009: 429). Autrement dit, ce n'est qu'à l'issue d'une analyse comparée d'un phénomène pragmatique dans deux ou plusieurs variétés d'une même langue qu'on peut postuler que ledit phénomène est un trait caractéristique d'une variété de la langue étudiée. Le troisième principe exhorte au respect de la similarité des observables utilisés pour comparer des faits pragmatiques. Ces données devraient être de même type, c'est-à-dire qu'elles devraient être produites de part et d'autre dans des conditions similaires et provenir des locuteurs appartenant plus ou moins au même groupe ou à la même classe sociale (cf. Barron et Schneider, 2009: 429).

A la lumière de ce qui précède, nous pouvons affirmer que notre étude s'inscrit bel et bien dans le cadre de la pragmatique différentielle du français langue pluricentrique. Premièrement, elle repose sur des données empiriques produites par des locuteurs du français du Cameroun et des locuteurs du français de France. Deuxièmement, l'analyse porte sur un phénomène pragmatique, à savoir l'acte de refus, tel qu'il est réalisé dans neuf situations de la vie quotidienne dans les deux espaces francophones. Troisièmement, les observables ont été produits par des répondants appartenant au même groupe sociologique (deux groupes d'étudiants) dans les deux pays.

Il faudrait aussi ajouter qu'on peut distinguer cinq différents axes d'analyse des faits pragmatiques dans les variétés régionales d'une langue pluricentrique. Le premier axe est celui dit formel. Sur cet axe d'analyse, le chercheur considère les formes linguistiques comme point de départ de son étude et prend le parti d'examiner les fonctions communicatives desdites formes dans les interactions. On peut citer comme exemple une analyse consacrée à l'emploi des marqueurs discursifs comme *bon, déjà*, etc. en français de France et en français du Cameroun. Le deuxième axe est celui dit actionnel. L'analyse ici porte sur les actes illocutoires. Concrètement, le chercheur choisit comme point de départ de son étude un acte de langage (l'excuse, le vœu, le refus, etc.) et examine les réalisations linguistiques de cet acte dans deux ou plusieurs variétés régionales d'une même langue. Le troisième axe d'analyse s'intéresse à l'aspect interactionnel. L'attention du chercheur ici ne se limite pas aux actes individuels. Elle porte plutôt sur les unités dialogiques, séquentielles des échanges verbaux, structures et fonctions des paires adjacentes, séquences d'actes de langage, entre autres. La séquence « compliment – réponse au compliment » est un exemple illustratif à cet égard : l'analyse ici consiste par exemple à cerner la manière dont cette séquence est actualisée en français de France et en français de Belgique. Le quatrième axe d'analyse s'intéresse à la gestion des thèmes dans le discours. Il s'agit de montrer comment les locuteurs de deux variétés d'une même langue introduisent, maintiennent, développent, changent et concluent des segments thématiques lors des interactions verbales. Le cinquième axe d'analyse est consacré à l'organisation du discours, avec une attention particulière sur la gestion des tours de parole et sur les phénomènes tels que l'interruption, le silence, les enchainement simultanés, prendre son tour, etc.[2]

Il n'est pas inutile de rappeler que l'étude proposée dans le présent ouvrage relève de l'axe actionnel, d'autant plus qu'elle scrute l'acte de refus et ses modalités d'actualisation en français du Cameroun et en français de France. Elle s'inscrit dans le prolongement des travaux effectués sur d'autres variétés du français et sur d'autres phénomènes pragmatiques, comme le montre le bref état des lieux exposé dans la section suivante.

---

[2] Pour plus de détails, on pourra se référer à Schneider et Barron (2008: 19-21), Barron et Schneider, 2009 : 428) et Schneider (2010: 244-246).

1.5. Travaux antérieurs

Si, de manière globale, un bon nombre de travaux sont consacrés aux régionalismes pragmatiques en français, on constate que, comparativement aux autres langues pluricentriques comme l'anglais et l'espagnol, le français a été nettement moins étudié. De façon générale, les variétés hexagonale, canadienne (québécoise), camerounaise et sénégalaise ont déjà fait l'objet d'analyses comparées intra-linguales. Parmi les travaux comparant le français de France et le français du Canada (Québec), on peut citer les études axées sur les styles interactionnels français et québécois, notamment celle de Bernicot et. al (1994) sur les interactions entre des mères françaises et québécoises et leurs enfants et l'analyse de Berrier (2004) sur les différences affectant le fonctionnement des conversations en France et au Québec. Des travaux consacrés aux actes de langage, on peut mentionner le mémoire de maitrise de Dubois (2000) sur l'exclamation en français de France et en français du Québec, l'ouvrage de Rohrbacher (2010) sur l'acte de la requête et l'article de Schölmberger (2008) sur les formes de réalisation de l'excuse. Mentionnons aussi l'article de Drescher (2009) sur les sacres québécois et les jurons français et l'étude de l'acte de requête en français de France et en français du Sénégal (cf. Johns et Félix-Brasdefer, 2015). A cela s'ajoutent des études comparées des actes de langage en français du Cameroun, en français du Canada (Québec) et en français de France que nous avons déjà présentées dans l'introduction de cet ouvrage. Dans la plupart de ces cas, ces études établissent explicitement ou implicitement le lien entre pratiques langagières et ethos communicatif des locuteurs des variétés examinées.

1.6. Pratiques langagières et ethos communicatif

Rappelons que cette étude s'inscrit dans le cadre d'un projet de recherche plus vaste axé sur les différences et similitudes telles qu'elles se manifestent dans la réalisation des actes de langage et les pratiques de la politesse en français de France et en français du Cameroun. Une telle analyse ne peut s'effectuer que si l'on prend en compte les contextes socioculturels dans lesquels ces phénomènes pragmatiques et discursifs sont énoncés. Cette approche contextuelle implique un bref regard sur ce qu'on appelle « le style interactionnel » ou « l'ethos communicatif ». Précisons que cette notion est appliquée

> aux règles sociales qui sous-tendent le style interactionnel, dans une perspective généralisante. Ces règles correspondent à l'idée que se fait la culture en question de la façon appropriée de

> s'adresser les uns les autres dans toutes sortes de situation de la vie quotidienne. On utilise le terme d''ethos', car il s'agit d'un ensemble de valeurs partagées, mais on ajoute le terme 'communicatif' dans la mesure où ce qui intéresse le chercheur à ce niveau, ce sont surtout les valeurs qui influencent les comportements langagiers. (Béal, 2010 : 29)

Le recours à cette notion permet de mettre en évidence le fait que la formulation des actes de langage et les pratiques de la politesse épousent une coloration particulière en fonction de la socio-culture du milieu où ces pratiques ont lieu. Dans une telle perspective, on pourrait s'intéresser à la manière de réaliser un fait pragmatique, à la manière de négocier et de construire les relations interpersonnelles lors des interactions verbales, à la conception de la politesse (politesse positive ou négative), entre autres, dans les espaces francophones étudiés. En ce qui concerne la politesse en contexte camerounais, nous avons postulé, dans un travail antérieur, que

> la politesse au Cameroun est un lieu de mise en évidence permanente des contacts de langues, de cultures et de valeurs sociales. Le plurilinguisme, le multiculturalisme et les flux migratoires vers des centres urbains font que les langues, les cultures et les conceptions des rapports sociaux se croisent et s'enrichissent mutuellement, pour donner naissance à une « hybridation des codes de la politesse », à une « réappropriation des normes exogènes », à un télescopage de normes, bref à une politesse à la camerounaise, qui subit les contraintes du milieu socioculturel et linguistique. (Mulo Farenkia, 2008c : 2)

En nous fondant sur le concept d'ethos ou de style interactionnel, nous en avons présenté et décrit quelques aspects culturels en contexte camerounais dans certains de nos travaux antérieurs. Nous avons examiné l'impact de certains traits caractéristiques de cet ethos culturel sur l'emploi des formes nominales d'adresse, sur les échanges de salutations, de compliments, etc. (Mulo Farenkia 2014b) et ces réflexions ont été approfondies par d'autres chercheurs (voir Avodo Avodo, 2012).

Même si on reconnaît que l'analyse de l'ethos communicatif et culturel d'une société ne peut prétendre être exhaustive, on peut inférer à partir des observations faites dans plusieurs travaux que le contexte sociolinguistique camerounais se caractérise globalement par les facteurs suivants. Il y a en premier lieu le plurilinguisme, se caractérisant par l'emploi de deux langues officielles, l'anglais et le français, qui sont en contact permanent avec plus de 248 langues autochtones, le pidgin English et le camfranglais (un parler hybride employé surtout par les jeunes). Ensuite, il faut tenir compte du fait que le contexte socioculturel camerounais est marqué par une mosaïque de groupes ethniques fondés généralement sur une langue, un territoire et des traits socioculturels communs et que les normes interactionnelles des différents groupes ethniques influencent dans une certaine mesure la prise de parole en langues officielles des membres de ces groupes ethniques. En d'autres termes, la société camerounaise présente, comme la majorité des pays africains, un ethos culturel et communicatif marqués par le plurilinguisme et l'hybridité linguistique, la diversité ethnique et culturelle. Au Cameroun, les interactions quotidiennes sont sous-tendues par un ethos de proximité (physique, psychologique et émotionnelle) et par un ethos à dominante inégalitaire.[3] Mais l'ethos communicatif camerounais, dont on vient d'évoquer quelques aspects, ne se manifeste pas de la même manière dans toutes les formes de prises de parole des membres de la société camerounaise. Nous avons tenté de montrer dans un travail antérieur comment les facteurs tels que le plurilinguisme, l'hybridité linguistique, la diversité ethnique, entre autres, se manifestent effectivement sur l'emploi des formes et emplois des formes nominales d'adresse (cf. Mulo Farenkia, 2014b : 277-281). Nous y avons aussi examiné l'impact du collectivisme et le penchant pour la politesse positive sur la formulation des compliments et des salutations (cf. Mulo Farenkia, 2014b : 282-294). Dans ces analyses, nous avons aussi adopté implicitement une démarche qui rentre dans le cadre de la pragmatique postcoloniale. Il s'agit d'une approche développée par Anchimbe et Janney (2011) qui offre un cadre théorique et méthodologique permettant de rendre compte de la diversité des facteurs (sociolinguistiques, culturels, historiques, ethniques, religieux, etc.) qui participent à la construction et à l'interprétation du sens dans les interactions verbales en contexte postcolonial. Cette approche a été exploitée pour mettre en évidence quelques modalités d'appropriation du français au Cameroun, la cohabitation ou collision des normes culturelles endogènes et exogènes dans la réalisation des actes de langage, voire la complexité du style conversationnel en contexte camerounais.

Pour une synthèse de quelques aspects du style interactionnel français, nous nous référerons à quelques travaux seulement, notamment ceux de Béal (2010) et Kerbrat-Orecchioni (1996). Dans son étude, Béal (2010) part de son corpus d'étude pour évoquer des valeurs qui sont à ses yeux les plus caractéristiques de l'ethos des Français. L'étude

---

[3] C'est-à-dire que les interactions sont généralement déterminées par la culture de la distance hiérarchique et la prise en compte des inégalités sociales liées à l'âge, au confort matériel, au statut social, entre autres. Pour une description détaillée de l'ethos communicatif camerounais, on pourra se référer à Mulo Farenkia (2007).

porte sur la comparaison du fonctionnement des systèmes de tours de parole (81-177), des rituels et routines dans les échanges ordinaires, notamment l'ouverture (188-232) et la routine conversationnelle 'Vous avez passé un bon week-end ?' (232-254) et des actes de langage directifs (255-350) en français de France et en anglais d'Australie. Concernant le lien entre ces pratiques langagières et l'ethos, Béal regroupe les valeurs culturelles et communicatives en deux grandes catégories, à savoir

> celles qui sont plutôt centrées sur les diverses formes d'expression du moi (les émotions, les opinions, la confrontation) et celles qui concernent davantage le rapport à l'autre (le respect de l'autonomie, la distance sociale, le ménagement des faces (Béal, 2010 : 363).

S'agissant de l'expression du moi en général et de l'expression des émotions dans la communication en particulier, Béal (2010 : 364) indique que les Français ont une tendance générale « à manifester leurs émotions d'une manière plus immédiate et plus impulsive que les locuteurs anglophones, qu'il s'agisse d'émotions 'positives' ou 'négatives' ». Concernant l'expression des opinions, Béal indique que les Français

> ont tendance à donner leur opinion plus souvent, plus spontanément (c'est-à-dire même lorsque l'on ne la leur demande pas) et d'une façon plus tranchée que les anglophones. Cela apparait dans certains aspects de la gestion des tours de parole, ainsi qu'au niveau des formulations, dans les réunions de travail, comme dans les échanges informels (Béal, 2010 : 372).

Parlant de la confrontation, Béal relève dans l'ethos français une certaine tendance au choc des convictions et l'auteure souligne que

> cette véhémence est acceptée au nom de la force de ses convictions et du besoin de *clarté* dans les rapports : la *sincérité* et la *franchise* sont donc des valeurs qui prennent souvent le pas sur d'autres considérations, celle de ménager son interlocuteur notamment (Béal, 2010 : 379).

S'agissant du rapport à l'autre, l'auteure évoque tout d'abord le respect de l'autonomie, une notion similaire à celle de la « face négative » de Brown et Levinson (1987 :61). Il ressort de son analyse que cet aspect de l'ethos français varie en fonction des types d'activités communicatives. Au niveau de la réalisation des actes directifs, par exemple, Béal (2010 : 382) relève que la plupart des requêtes et demandes d'information entre proches sont formulées avec un minimum de précautions oratoires, une stratégie mise en œuvre pour faire valoir la conscience du droit à la liberté d'action d'autrui. En France, comme dans la plupart des sociétés occidentales, ce souci de préservation du territoire d'autrui s'actualise moyennant diverses stratégies de politesse négative.[4] Concernant la relation verticale, Béal montre que la société française présente, comme la plupart des sociétés occidentales, un ethos à dominante égalitaire. Et cela signifie

> qu'en principe les marques d'inégalité sont gommées dans les échanges réciproques à travers des comportements symétriques (usage généralisé du prénom par exemple), et que les privilèges et les préséances ne sont pas très nombreux (Béal, 2010 : 59).

Il convient de souligner que la synthèse que nous venons de présenter permet d'avoir juste un aperçu du style interactionnel des locuteurs des deux espaces francophones dans quelques types d'échanges verbaux. Il est important d'effectuer d'autres études qui permettraient de comprendre d'autres aspects de cet ethos communicatif et de voir comment ceux-ci se manifestent dans d'autres pratiques langagières. C'est l'objectif que nous poursuivrons dans la suite de notre ouvrage, à la faveur d'une analyse comparée de l'expression du refus en français de France et en français du Cameroun. Mais avant cela, il est nécessaire de présenter notre approche méthodologique, notamment notre démarche dans la collecte et l'analyse des données sur lesquelles se fonde notre étude.

---

[4] Voir à ce sujet aussi Kerbrat-Orecchioni (1996 : 81).

Chapitre 2 : Méthodologie

2.1. La collecte des données

Notre étude est basée sur des données empiriques, recueillies au moyen d'un questionnaire écrit et construit selon le modèle du *Discourse Completion Test*, un instrument qui a été développé par Blum-Kulka *et al.* (1989) pour étudier les actes de langage. La démarche consiste à concevoir des situations interactionnelles qui sont familières aux répondants et de les leur soumettre en leur demandant de produire des actes de langage dans les situations en question. Dans le cadre de notre recherche, nous avons conçu un questionnaire comportant plusieurs situations de production d'actes de langage, précédées d'une consigne donnée aux informateurs de produire spontanément les actes de langage relatifs à chacune des situations décrites, tel qu'ils l'auraient fait dans une situation réelle. La consigne pour chaque situation se terminait par la question du type *'Que diriez-vous dans une telle situation ?'*

Les situations présentées aux participants varient du point de vue des types d'actes de langage (excuse, refus, invitation, remerciement, etc.) et des types de relations entre interlocuteurs (degré de familiarité, distance hiérarchique, etc.). C'est ainsi que, dans le souci d'amener les répondants à générer des formulations variées, nous avons pris soin de définir clairement les situations de l'enquête et les variables situationnelles de chaque situation. Plus précisément, nous avons toujours veillé à ce que les personnes interrogées puissent actualiser leur compétence socio-pragmatique, en variant leurs réponses en fonction de la distance sociale ou du degré de familiarité (amis, camarades de classe, personnes inconnues) et de la distance hiérarchique entre les protagonistes (étudiants-professeurs ; employés-employeurs).

Il faut aussi ajouter que l'enquête par écrit et le recours au questionnaire selon le modèle présenté ci-dessus est une méthode qui a été très utilisée dans bien des études sur les actes de langage dans une perspective comparative et interculturelle (cf. Blum-Kulka *et al.*, 1989), à l'instar de l'analyse effectuée dans le présent ouvrage. La collecte des données en France s'est effectuée à Toulouse en 2014 auprès de 19 étudiants de l'Université de Toulouse (dont seize de sexe féminin et trois de sexe masculin) âgés de

18 à 23 ans. La collecte des données au Cameroun s'est déroulée en 2013 à Yaoundé, auprès de 20 étudiants de l'Université de Yaoundé I (dont treize de sexe féminin et sept de sexe masculin), âgés de 18 à 20 ans.

Le profil linguistique des répondants indique que les Français n'utilisent que le français comme moyen de communication, alors que les Camerounais pratiquent le français depuis l'école primaire (c'est-à-dire au moins depuis plus de quinze ans) et qu'ils utilisent, en plus du français, des langues autochtones en milieu familial et le camfranglais dans leurs interactions avec les amis et connaissances. Leurs pratiques du français ont lieu dans un environnement plurilingue, où le français et l'anglais, les deux langues officielles, sont en contact permanent avec plus de 250 langues autochtones. Le questionnaire portait sur diverses tâches communicatives relatives à différents types d'actes de langage. Pour ce qui du refus, nous avons proposé en tout neuf situations aux répondants, lesquelles sont regroupées dans les trois séries ou catégories suivantes.

La première série comprend les refus d'invitations. Nous avons demandé aux répondants de réagir aux trois situations suivantes :

a) **Situation 1** : Votre ami(e) vous invite à une fête qu'il/elle organise le samedi prochain. Vous ne pouvez malheureusement pas honorer cette invitation. Vous lui dites :
b) **Situation 2** : Un(e) camarade de classe que vous ne connaissez pas bien, et originaire d'un autre pays, s'intéresse tout particulièrement au style de vie des étudiants camerounais. Après le cours, il/elle vous invite à prendre un pot avec lui/elle. Vous voulez décliner l'invitation. Vous lui dites :
c) **Situation 3** : Vous discutez avec votre professeur(e) d'un rapport de recherche que vous devriez remettre dans deux semaines. Il/elle vous annonce qu'un(e) de ses collègues viendra à son prochain cours pour donner une conférence portant sur quelques aspects de votre travail. Votre professeur(e) vous invite à y assister. Vous ne pouvez malheureusement pas y aller. Vous lui dites.

Les situations 1 et 2 permettent de mesurer l'impact du type d'invitation et du degré de familiarité (ami et connaissance/camarade de classe) alors que la situation 3 aide à cerner l'influence du type d'invitation et de la distance hiérarchique (étudiant-professeur) sur le choix des formulations du refus. Les 39 répondants ont fourni 117 réponses aux tâches communicatives présentées dans les trois situations, notamment 60 réponses par les Camerounais et 57 réponses par les Français.

La deuxième série regroupe les refus de demandes d'aide. Les répondants devaient refuser des demandes d'aide dans les trois situations suivantes :

d) **Situation 1** : Un(e) de vos amis et camarades de classe qui manque généralement les cours vous demande de lui prêter les notes des cours manqués. Vous ne voulez pas lui donner vos notes. Vous lui dites:

e) **Situation 2** : Alors que vous allez au cours un(e) étudiant(e) que vous ne connaissez pas vous demande de le/la laisser utiliser votre téléphone portable pour un coup de fil urgent. Vous refusez en lui disant :

f) **Situation 3** : Votre enseignant(e) vous demande de l'aider à organiser un colloque, mais vous ne pouvez pas parce que vous êtes très occupé(e). Vous lui dites :

Dans la situation 1, les variables pertinentes sont, entre autres, le type de demande formulé (il est question ici d'une demande de notes de cours manqués) et le fait que cette demande est exprimée par un(e) ami(e). Dans la situation 2, l'interaction se déroule entre deux personnes qui ne se connaissent pas : l'une demande à l'autre de lui prêter son téléphone portable pour passer un coup de fil urgent. La situation 3 illustre le cas d'un refus formulé de bas en haut : un(e) étudiant(e) refuse d'aider son enseignant(e) dans l'organisation d'une conférence. Les répondants camerounais ont produit au total 60 réponses et les informateurs français ont livré au total 57 réponses.

La troisième catégorie comprend refus d'offres. Les informateurs avaient pour tâches de repousser les offres dans les trois situations suivantes :

g) **Situation 1** : Vous faites face à quelques difficultés financières ces derniers temps et l'un(e) de vos ami(e)s se propose de vous venir en aide. Votre ami(e) vous dit « Est-ce que je peux te prêter 2000 (deux mille)[1] ? Tu me rembourseras quand tu pourras ». Vous déclinez l'offre en lui disant :

h) **Situation 2** : Alors que vous attendez le taxi à la sortie des cours, une voiture s'arrête devant vous. Le/la chauffeur(e) que vous ne connaissez pas vous propose de vous ramener chez vous. Vous déclinez l'offre en lui disant :

i) **Situation 3** : Vous travaillez à temps partiel dans une entreprise de la ville et votre patron vous propose un poste à temps plein et nettement mieux rémunéré dans une autre ville. Vous déclinez cette offre en lui disant :

Dans la situation 1, les variables pertinentes sont le type de refus (il s'agit du refus d'une offre de prêt d'argent) et le fait que l'interaction se déroule entre deux amis. Dans la

---
[1] Francs CFA (la monnaie utilisée au Cameroun)

situation 2, on a affaire à une interaction entre deux protagonistes ne se connaissent pas : l'un repousse l'offre d'être raccompagné dans le véhicule de l'autre. La situation 3 représente l'exemple d'expression du refus de bas en haut. Nous avons affaire ici à une situation où un(e) employé(e) décline l'offre de son supérieur hiérarchique et l'offre en question porte sur un emploi à temps plein dans une autre ville. Les informateurs des deux espaces francophones ont produit au total 117 exemples : il y a 60 exemples camerounais (c'est-à-dire 20 exemples dans chacune situation) et 57 exemples français (c'est-à-dire 19 réponses dans chaque situation).

2.2. L'analyse des données

L'exploitation des données recueillies s'est effectuée en plusieurs étapes. Nous avons tout d'abord procédé au codage des exemples proposés par les répondants des deux espaces francophones, en faisant ressortir les paramètres suivants :

- La variété du français. A cet effet, nous avons retenu les abréviations suivantes : *FF* pour « français de France » et *FC* pour « français du Cameroun ».
- L'indication du type de refus selon les types d'actes initiateurs. C'est ainsi que nous utiliserons les abréviations suivantes : *I* pour les refus d'invitations ; *O* pour les refus d'offres et *D* pour les refus de demandes d'aide.
- La mention des situations interactionnelles, notamment le type de relation horizontale ou verticale qui existe entre le locuteur et le destinataire. À ce niveau, nous avons opté pour les indications suivantes : *AM* (pour les refus adressés aux amis), *CAM* (pour les refus destinés aux camarades de classe), *INC* (pour les refus destinés aux personnes inconnues), *PAT* (pour les refus adressés aux patrons) et *PROF* (pour les refus destinés aux professeurs).

Après cette étape, nous avons procédé à l'analyse du corpus proprement dite. Il nous tout d'abord été donné de constater que, dans les neuf situations de l'enquête, les répondants recourent aux énoncés simples ainsi qu'aux énoncés complexes pour exprimer leurs refus. Lorsque les répondants emploient des énoncés simples et directs, ils peuvent dire non ou exprimer l'impossibilité de rendre le service demandé, tel qu'en (1).

1) Je ne peux malheureusement pas te donner mes cours (FF-D-AM)

Les répondants font aussi usage d'énoncés simples et indirects pour exprimer leurs refus. Ils recourent à cet effet aux actes de langage tels que :

La justification, comme le montre (2).

    2) Malheureusement je manque de temps pour vous aider. (FF-D-PROF)

Le reproche, tel qu'illustré en (3).

    3) C'est toi qui charge mon téléphone ? (FC-D-INC).

La suggestion, tel qu'en (4),

    4) Est-ce que je pourrais vous trouver une autre personne ? (FC-D-PROF)

L'allusion à un principe de vie, tel qu'illustré en (5).

    5) Vois-tu ce n'est pas dans mes habitudes d'emprunter. (FC-O-AM)

L'expression de la préférence, comme le montre (6), pour ne citer que ces cas.

    6) Je préfère marcher et utiliser les transports en commun. (FF-O-INC)

Alors que certains refus indirects à l'instar des justifications et suggestions ménageant la face du destinataire d'autres refus indirects à l'instar des reproches portent atteinte à la face de l'interlocuteur.

Mentionnons aussi que les répondants font appel aux énoncés complexes pour répondre négativement aux demandes, invitations et offres formulées à leur égard, comme le montrent les exemples (7), (8), et (9).

    7) Ça aurait été avec grand plaisir mais là très franchement j'ai une montagne de travail. Je ne pourrai pas cette fois-ci. Je suis désolée! (FF-D-PROF)

    8) Monsieur, je vous remercie de la proposition car c'est très important pour mon avenir professionnel mais je ne l'accepterai pas. Ma famille a besoin de moi ici. (FC-O-PAT)

    9) Ça ne sera pas possible cette fois-ci madame, je vous promets prochainement. Je suis très occupé par la naissance de mon neveu actuellement. (FC-D-PROF)

En (7), le macro-acte se compose de quatre énoncés individuels représentant quatre types d'actes de langage. Le premier énoncé, « *ça aurait été avec grand plaisir mais* », est une expression de bonne foi, un acte qui ne peut pas exprimer le refus en tant que tel, mais qui sert plutôt à indiquer que le locuteur aurait aimé rendre service, si la situation décrite dans le deuxième énoncé, « *là très franchement j'ai une montagne de travail* », ne se présentait pas. Le troisième énoncé, « *je ne pourrai pas cette fois-ci* », réalise le refus de manière directe : c'est l'acte central. Le quatrième énoncé, « *je suis désolée* », est un acte d'excuse dont la fonction est d'adoucir le refus direct.

Dans l'exemple (8), le locuteur a fait usage d'un macro-acte composé de quatre micro-actes pour repousser l'offre de son patron. Le troisième micro-acte « *je ne l'accepterai pas* » peut être considéré comme l'acte central, puisque c'est lui qui donne la valeur pragmatique globale de refus à tout cet extrait. L'acte central est précédé d'un acte de remerciement « *monsieur, je vous remercie de la proposition* » et d'un autre acte « *car c'est très important pour mon avenir professionnel* », dont la fonction est de valoriser l'offre du patron. Les deux actes antéposés à l'acte central, à savoir le remerciement et la valorisation de l'offre, ne peuvent pas exprimer le refus proprement dit. Ils fonctionnent comme des actes subordonnés ou accompagnateurs servant à adoucir la force illocutoire du refus. Le quatrième acte « *ma famille a besoin de moi ici* » est une justification, qui fonctionne ici comme un acte accompagnateur, mais elle pourrait fonctionner indépendamment comme un acte central dans un autre contexte.

L'exemple (9) se compose de trois énoncés. A travers le premier énoncé, « *ça ne sera pas possible cette fois-ci madame* », le locuteur exprime son refus de manière directe. Il enchaine avec l'énoncé, « *je vous promets prochainement* », au moyen duquel il promet de répondre favorablement à une autre demande. En réalisant le troisième énoncé, « *je suis très occupé par la naissance de mon neveu actuellement* », le locuteur donne la raison de son refus. La fonction de cette justification est argumentative : d'autant plus que le locuteur s'en sert pour faire comprendre au destinataire que son refus ne relève pas de la mauvaise fois mais qu'il est dû à un empêchement réel.

Comme on peut le noter dans les trois exemples ci-dessus, les répondants produisent des macro-actes qui sont généralement composés d'un acte central (la stratégie[2] de base) et plusieurs actes subordonnés ou accompagnateurs. Ces derniers peuvent être antéposés ou postposés et servir à adoucir ou durcir l'acte central.

Nous avons aussi noté que les répondants recourent à une gamme de procédés lexicaux, morphologiques et syntaxiques pour modaliser, c'est-à-dire adoucir ou renforcer, le contenu de leurs refus. On citera, à titre d'exemple quelques procédés utilisés dans

---

[2] Nous employons les termes « formulations directes/indirectes » et « stratégies directes/indirectes » de manière interchangeable.

l'extrait (7), composé de plusieurs micro-actes. Dans l'énoncé « *là très franchement j'ai une montagne de travail* », le locuteur emploie les adverbes « *très* » et « *franchement* » pour marquer sa sincérité dans la justification de son refus et il se sert du syntagme « *une montagne de* » pour donner une idée du volume du travail qu'il a à effectuer. En utilisant la locution adverbiale « *cette fois-ci* » dans l'énoncé « *je ne pourrai pas cette fois-ci* », le locuteur cherche à faire comprendre que son refus est ponctuel et qu'une réponse favorable à une autre demande est envisageable. Citons aussi les exemples suivants produits dans les situations de refus d'offres.

    10) **Je ne pense pas que** ce soit une bonne idée que je me déplace. (FC-O-PAT)
    11) **Malheureusement** je ne pourrai pas j'ai toute ma vie ici, il n'est impossible de tout changer. (FF-O-PAT)

Dans l'exemple (10), le locuteur recourt au procédé syntaxique « *je ne pense pas que* » pour indiquer que la raison qui sous-tend son refus est un point de vue purement personnel. Par ce procédé le locuteur tente d'adoucir son refus et de ménager la face du patron. En (11), l'adverbe « *malheureusement* » sert à exprimer un sentiment de regret ; lequel atténue l'impact négatif du refus direct sur la face de l'allocutaire.

Il faut souligner que, dans d'autres cas, les procédés lexicaux, morphologiques et syntaxiques attestés servent à durcir des actes menaçants actualisés dans les interventions de refus, tel que montré en (12). Dans cet exemple en effet, les adverbes « *presque jamais* » et « *toujours* » sont utilisés pour relever une certaine répétition et exagération du comportement décrié (l'absence aux cours). À cela s'ajoute l'expression « *ça me soule de* », qui est employée ici pour durcir le reproche à l'endroit de l'interlocuteur et exprimer l'exaspération du locuteur par rapport à la demande de son ami.

    12) Désolé mais t'es **presque jamais** là et **ça me soule** un peu **de** prendre **toujours** les cours pour les absents. (RD-AM-FF)

Pour cerner les choix des répondants camerounais et français lorsqu'ils opposent un refus aux invitations, offres et demandes d'aide, nous avons analysé leurs exemples en tenant compte des aspects suivants:

- Les types d'actes employés dans les interventions de refus. L'analyse à ce niveau vise à établir les fréquences des actes centraux et actes subordonnés employés par les informateurs des deux espaces.

- Les stratégies de formulation employées. Ce volet de l'analyse consiste à cerner les types de refus directs et indirects et leurs modes de réalisation.
- L'emploi des procédés d'adoucissement et d'intensification des refus. L'analyse à ce niveau est consacrée aux procédés externes, c'est-à-dire aux actes subordonnés et aux procédés internes, notamment des éléments lexicaux, morphologiques et syntaxiques, mobilisés par les locuteurs interrogés pour adoucir ou amplifier la force illocutoire des refus. À cela s'ajoute un examen de la distribution des formes d'adresse et de leurs fonctions pragmatiques dans les actes de refus.
- La variation stylistique des stratégies de formulation. Ce volet de l'analyse a pour but de mettre en lumière l'impact des variables situationnelles telles que le degré de familiarité et la distance hiérarchique entre les interlocuteurs ainsi que les types d'actes initiateurs (offres, invitations, demandes d'aide) sur le choix des stratégies de formulation chez les répondants camerounais et français.

Nous avons privilégié l'approche qualitative en combinaison avec l'analyse quantitative des quatre aspects présentés ci-dessus. Les résultats des analyses effectuées sont présentés dans les chapitres qui suivent.

Chapitre 3 : Comparaison des refus de demandes d'aide

3.1. Introduction

Ce chapitre est consacré à la description des stratégies employées par les locuteurs du français du Cameroun et du français de France pour refuser des demandes d'aide. Outre l'examen des types de formulations recensés, l'analyse se penchera sur la manière dont les répondants camerounais et français contextualisent et à varient leurs choix linguistiques en fonction des facteurs tels que le degré de familiarité et la distance hiérarchique entre les interlocuteurs et les types des demandes refusées. Mais avant cela, il convient de rappeler quelques caractéristiques des données sur lesquelles se fondent nos analyses. Nous avons demandé aux répondants de produire des refus de demandes d'aide dans trois situations Dans la première situation proposée, les variables pertinentes sont, entre autres, le type de demande formulé (la demande de notes de cours manqués) et le fait que cette demande est exprimée par un(e) ami(e). Dans la deuxième situation, l'interaction se déroule entre deux personnes qui ne se connaissent pas : l'une demande à l'autre de lui prêter son téléphone portable pour passer un coup de fil urgent. La troisième situation illustre le cas d'un refus formulé de bas en haut : un(e) étudiant(e) refuse d'aider son enseignant(e) dans l'organisation d'une conférence. En guise de réponses à ces tâches communicatives, les répondants camerounais ont produit au total 60 interventions et les informateurs français ont livré au total 57 séquences verbales dans lesquelles ils utilisent les énoncés simples et complexes pour refuser de rendre service à leurs interlocuteurs. Le premier volet de l'analyse de ces données a porté sur les types d'actes employés dans les deux groupes. Les résultats de cette analyse sont présentés dans la section suivante.

3.2. Les types d'actes employés

Ce volet de l'analyse consistait plus précisément à identifier et classer les énoncés individuels selon qu'ils réalisent les actes centraux, c'est-à-dire les stratégies de base pouvant être directes ou indirectes, ou les actes subordonnés, c'est-à-dire les stratégies d'accompagnement des actes centraux. Le tableau 1 présente la fréquence des types d'actes attestés dans les deux variétés du français.

Tableau 1. Distribution des actes centraux et subordonnés dans les deux variétés du français

Type d'acte		France	Cameroun
Actes centraux	Refus directs	19 (13.5%)	26 (14.7%)
	Refus indirects	114 (80.9%)	139 (78.5%)
Actes subordonnés		8 (5.6%)	12 (6.8%)
Total		141 (100%)	177 (100%)

Il ressort du tableau 1 que des 141 énoncés produits par les Français, 133 (94.4%) sont des actes centraux et 8 (5.6%) sont des actes subordonnés. Sur les 177 énoncés utilisés par les Camerounais, 165 (93.2%) sont des actes centraux et 12 (6.8%) sont des actes subordonnés. Le taux d'emploi des actes subordonnés est très faible dans les deux variétés du français. En ce qui concerne les types d'actes centraux, le tableau 1 indique que les refus indirects sont nettement plus fréquents que les refus directs dans les deux variétés. Sur les 133 actes centraux identifiés chez les Français, 114 (81.4%) sont formulés de manière indirecte et 19 (13.6%) sont réalisés directement. Des 165 actes centraux utilisés par les Camerounais, 139 (78.5%) sont réalisés indirectement et 26 (14.7%) sont réalisés de manière directe. À la lumière de ces résultats et par rapport au degré d'indirection des actes de refus, on note que les répondants français semblent légèrement plus indirects que leurs homologues camerounais. Outre ces différences, la répartition des actes centraux et des actes subordonnés dans les trois situations est divergente dans les deux variétés (cf. tableau 2).

Tableau 2 : Distribution situationnelle des actes centraux et subordonnés dans les deux variétés du français

Situations	Actes centraux				Actes subordonnés	
	Refus directs		Refus indirects			
	FC	FF	FC	FF	FC	FF
S1-Ami(e)	10 (38,5%)	4 (21,1%)	46 (33%)	40 (35%)	1 (8,3%)	1 (12,5%)
S2-Inconnu(e)	5 (19,2%)	4 (21,1%)	50 (36%)	38 (33,4%)	2 (16,7%)	2 (25%)
S3-Professeur(e)	11 (42,3%)	11 (57,8%)	43 (31%)	36 (31,6%)	9 (75%)	5 (62,5%)
Total	26 (100%)	19 (100%)	139 (100%)	114 (100%)	12 (100%)	8 (100%)

Le Tableau 2 montre que les répondants camerounais et français déploient beaucoup plus les actes centraux directs lorsqu'ils refusent les demandes de leurs enseignants et les Français sont, sur ce point, nettement plus directs que les Camerounais. Chez les Français, le taux d'emploi des actes directs destinés aux amis et personnes inconnues est le même, alors que les Camerounais sont deux fois plus directs envers leurs amis qu'envers des personnes inconnues. Le tableau 2 indique aussi que les Français sont beaucoup plus indirects envers leurs amis (35%), tandis que les Camerounais sont beaucoup plus indirects lorsqu'ils s'adressent aux personnes inconnues (36%). Outre cela, on observe que les répondants des deux espaces francophones sollicitent beaucoup plus les actes subordonnés lorsqu'ils refusent de rendre service à leurs enseignants. En ce qui concerne les types d'actes centraux et leurs formes de réalisation dans les deux variétés, l'analyse a aussi révélé des différences et similitudes. Celles-ci sont au cœur de la section suivante.

3.3. Les types de formulations

3.3.1. Les refus directs

Pour refuser les demandes d'aide de manière directe, les répondants des deux groupes font usage d'énoncés appartenant à différents types de formulations, dont les fréquences varient selon le type de situation (voir tableau 3).

Tableau 3. Fréquence des refus directs dans les deux variétés du français

Type de refus direct	France				Cameroun			
	S1	S2	S3	Total	S3	S2	S3	Total
Non	1	3	1	5 (26,3%)	1	2	-	3 (11,5%)
Impossibilité	2	1	10	13 (68,4%)	5	2	11	18 (69,2%)
Performatif	1	-	-	1 (5,3%)	4	1	-	5 (19,3%)
Total	4	4	11	19 (100%)	10	5	11	26 (100%)

À la lumière des résultats présentés dans le tableau 3, on peut dire que les répondants des deux espaces recourent à trois types de stratégies directes, à savoir celle consistant à dire non, la stratégie consistant à évoquer l'impossibilité de rendre le service demandé et la stratégie mise en œuvre moyennant des énoncés explicites performatifs. Sur les 19 énoncés recensés chez les Français, 5 (26.3%) sont des « *non* », 13 (68.4%) sont des énoncés exprimant l'impossibilité d'aider et il y a un seul performatif (5.3%). Des 26 énoncés actualisés par les Camerounais, 3 (11.5%) sont des « *non* », 18 (69.2%) sont employés pour exprimer l'impossibilité de rendre service et 5 (19.3%) sont des performatifs explicites. L'analyse révèle que la stratégie directe préférée des répondants des deux groupes francophones est celle consistant à énoncer l'impossibilité de rendre service et que cette stratégie est beaucoup plus utilisée lorsqu'il s'agit de refuser les demandes formulées par les professeurs. On note aussi que la majorité des énoncés performatifs utilisés par les Camerounais apparaissent dans les interactions avec leurs amis.

Signalons aussi que les stratégies directes dans les deux variétés apparaissent rarement toutes seules. Elles sont généralement accompagnées d'autres types de formulations. Cet emploi peut être considéré comme une stratégie d'atténuation, tel qu'illustré en (1), ou comme un procédé d'intensification, tel qu'illustré en (2). Dans l'exemple (1), l'excuse ou le regret (« *je suis désolé* ») et la justification (« *je dois aller en cours* ») servent à adoucir le refus direct (« *non* »). En (2), par contre, le refus direct (« *je ne te donne pas mes notes* ») et le reproche (« *Dieu sait ce que tu fais pour être absentéiste* ») servent à paraphraser et durcir le premier refus direct (« *non* »).

1) Non je suis désolé, je dois aller en cours. (FF-D-INC)
2) Non! Je ne te donne pas mes notes. Dieu sait ce que tu fais pour être absentéiste. (FC-D-AM)

Par ailleurs, la stratégie directe qui consiste à évoquer l'impossibilité d'aider l'interlocuteur se réalise dans les deux variétés par le biais des formules du type « *je ne peux pas* » et celles-ci sont souvent combinées à d'autres énoncés, comme le montrent les exemples (3) et (4).

3) Je suis désolé, mais on a beaucoup de boulot en ce moment. **Je ne peux pas.** (FF-D-PROF)
4) Je suis désolé monsieur, **je ne peux pas vous venir en aide** parce que je suis très occupé. (FC-D-PROF)

En dehors de la variante elliptique « *je ne peux pas* », les Français utilisent aussi des formulations plus expansives comportant des syntagmes qui mentionnent le type de service que le locuteur refuse/n'est pas en mesure de rendre, comme l'illustre l'énoncé suivant : « *je ne peux pas vous aider pour ce colloque* ». On relève aussi des formules au futur synthétique comme « *je ne pourrai pas cette fois-ci* » ou périphrastique comme « *je ne vais pas pouvoir* » et des formules impersonnelles comme « *ça ne va pas être possible* ». Dans les exemples camerounais, les formules du type « *je ne peux pas* » sont plus expansives et diversifiées. Les formules expansives comportent divers types de syntagmes qui décrivent le service demandé et refusé, comme le montrent les groupes d'énoncés suivants.

- A) : « *Je ne peux pas vous faire cette faveur* » ; « *Je ne peux pas vous venir en aide* », « *Je ne peux rien pour vous aider* », « *Je ne peux me permettre de te donner mes cours* », « *Je ne peux pas te donner mes notes aussi facilement* », « *Je ne peux pas te donner mon phone* ».
- B) : « *Je ne serai pas disponible pour l'organisation de votre colloque* ».
- C) : « *Je ne pourrais rien faire pour vous aider* », « *Je ne pourrais pas assister à cette organisation* ».
- D) : « *Je ne puis accepter* ».
- E) : « *je n'y peux vraiment rien* ».
- F) : « *je ne pourrais malheureusement pas vous être disponible* ».

Le premier groupe (A) comprend les énoncés du type « *je ne peux pas + GV* ». Le deuxième groupe (B) est celui des énoncés du type « *je ne suis/serai pas disponible* ». Dans la troisième catégorie (C), nous avons les énoncés contenant le verbe « *pouvoir* » au conditionnel. Les types appartenant aux quatrième (D) et cinquième groupe (E) peuvent être considérés comme des variantes de l'énoncé « *je ne peux pas accepter* ». Le dernier type (F) résulte de la combinaison entre les éléments du deuxième et du troisième groupe. A cela s'ajoutent des formules impersonnelles du type « *ça ne sera pas possible* ».

L'analyse montre aussi que les cinq énoncés performatifs explicites utilisés par les répondants camerounais se présentent sous différentes formes : il y a trois occurrences du type « *je ne te donne pas mes notes/mon téléphone* », tel qu'illustré en (5), un exemple où le répondant dit non à la demande des notes de cours formulée par son ami, comme le montre (5). Le dernier exemple est un cas où le locuteur demande explicitement à l'interlocuteur de ne pas compter sur lui, comme le montre (6). Il y a une seule occurrence de formule performative dans les exemples français : elle se manifeste sous la forme « *je ne te donnerai pas* », tel que montré en (7).

5) **Je ne te donne pas mes cours** parce que je ne sais pas ce que tu fais chaque fois pour ne pas être présent au cours mais **aujourd'hui je dis non**. (FC-D-AM)
6) **Ne compte pas sur moi**. Je n'encourage pas les inconscients. Cherche ailleurs. (FC-D-AM)

7) Moi, je suis là chaque jour, **je ne te donnerai pas mes notes**. (FC-D-AM)

Le décompte des procédés de modalisation des refus directs dans les deux variétés donne à voir que le taux d'emploi des atténuateurs (ex. *malheureusement*) est légèrement plus élevé chez les Camerounais (7 occurrences) que chez les Français (5 exemples). Alors qu'il n'y a pas de durcisseurs dans les exemples français, les réponses camerounaises contiennent trois durcisseurs (*aujourd'hui*), comme illustré en (5). Dans cet exemple, l'adverbe « *aujourd'hui* » est utilisé pour indiquer l'exaspération du locuteur. On s'aperçoit que dans l'énoncé précédent, le locuteur dit implicitement que ce n'est pas la première fois que son ami demande les notes de cours. S'il a été compréhensif par le passé, la réponse cette fois-ci est négative et catégorique. Dans l'exemple (8), l'adverbe « *vraiment* » rend le refus direct catégorique et irréversible.

8) Madame, excusez-moi de vous décevoir c'est parce que je n'ai pas assez de temps, je suis très occupé, désolé je n'y peux **vraiment** rien. (FC-D-PROF)

On retient de l'analyse effectuée dans cette section que, même si les répondants des deux espaces francophones utilisent les mêmes types de stratégies directes, les choix divergent de part et d'autre au niveau des réalisations linguistiques desdites stratégies directs. Qu'en est-il alors des stratégies indirectes ?

3.3.2. Les refus indirects

L'analyse révèle que les répondants recourent à divers types d'actes de langage pour exprimer leurs refus de manière indirecte. Les types et fréquences des actes choisis par les répondants des deux groupes sont présentés dans le tableau 4.

Tableau 4. Fréquence des refus indirects dans les deux variétés du français

Type de refus indirect	France	Cameroun
Justification	52 (45.6%)	57 (41%)
Excuse/regret	36 (31.6%)	39 (28%)
Reproche	15 (13.2%)	23 (16.6%)
Suggestion / conseil	9 (7.9%)	13 (9.4%)
Promesse	2 (1.7%)	3 (2.2%)
Principe	-	1 (0.7%)
Préférence	-	2 (1.4%)
Refus provisoire	-	1 (0.7%)
Total	114 (100%)	139 (100%)

Le tableau 4 montre qu'il y a huit types d'actes de langage employés par les Camerounais, notamment *la justification, l'excuse ou le regret, le reproche, la suggestion ou le conseil, la promesse, l'allusion aux principes, l'expression de la préférence* et *le refus provisoire*. Chez les Français, on dénombre cinq types d'actes de langage sous la forme desquels les refus sont exprimés : *la justification, l'excuse ou le regret, le reproche, la suggestion ou le conseil* et *la promesse*. Le deuxième constat est le fait que la stratégie indirecte préférée des Français et Camerounais interrogés est celle qui consiste à se justifier ou à donner les raisons pour lesquelles ils refusent de rendre les services demandés. On note, cependant que les Français se justifient beaucoup plus que leurs homologues camerounais (France (n=52 ; 45.6%) vs Cameroun (n=57 ; 41%)). On observe aussi que les excuses et regrets constituent, avec un taux d'emploi de 31.6% des exemples français et de 28% des exemples camerounais, le deuxième type de refus indirects les plus employés dans les deux groupes. La troisième stratégie indirecte préférée des Camerounais et Français consiste à faire des reproches aux interlocuteurs qui formulent des demandes d'aide. Sur ce point, le tableau 4 montre que les Camerounais utilisent plus de reproches (16.6%) que leurs homologues français (13.2%). Il en va de même avec les suggestions et conseils, la quatrième stratégie indirecte dans les deux groupes : les Camerounais en sont plus productifs (9.4%) que les Français (7.9%). La différence statistique entre les deux groupes en ce qui concerne les promesses n'est pas aussi significative que celle relative aux stratégies indirectes déjà mentionnées. Finalement, on observe qu'il y a trois types de refus indirects employés par les Camerounais qu'on ne retrouve pas les productions des Français: il s'agit de l'allusion au principe, de l'expression de la préférence et du refus provisoire.

Au-delà de ces considérations statistiques, nous avons examiné et comparé les réalisations linguistiques, contenus et fonctions des refus indirects employés dans les deux groupes. Les sections suivantes présentent les résultats des analyses effectuées à cet égard. Nous commençons par les justification et explications.

3.3.2.1. Les justifications et explications

Se manifestant de diverses manières, les justifications et explications sont généralement associées à d'autres types d'actes. Du point de vue des fonctions pragmatiques, il faut distinguer les justifications à vocation d'adoucissement et celles à vocation d'intensification. Les justifications adoucissantes sont généralement associées aux refus directs alors que les justifications intensives accompagnent les refus indirects comme les excuses, suggestions, promesses, etc. et elles servent surtout à renforcer le caractère valorisant de ces refus indirects, comme le montre l'exemple (9). Dans cet exemple, le locuteur utilise la justification « *je suis débordé ces derniers temps entre les cours et mes obligations personnelles* » pour indiquer qu'il aurait rendu service n'eût été la raison évoquée. On pourrait aussi voir dans cette justification une manière d'informer l'interlocuteur du motif de l'excuse antéposée (« *je suis désolé* ») et de renforcer la suggestion de contacter le locuteur à l'avenir si le besoin se fait sentir. Dans d'autres cas, les justifications fonctionnent comme des durcisseurs des actes menaçants comme le reproche, tel qu'illustré en (10). Dans cet exemple, la justification « *j'ai pas de crédit* » sert à paraphraser et durcir les reproches antéposés « *le téléphone est personnel* » et « *je ne fais pas le call-box* ».

9) Je suis désolé, mais **je suis débordé ces derniers temps entre les cours et mes obligations personnelles**. N'hésitez pas à me contacter dans quelques temps si vous avez à nouveau besoin d'aide. (FF-D-PROF)

10) Le téléphone est personnel, je ne fais pas le call-box. **J'ai pas de crédit**. (FC-D-INC)

On remarque que les contenus des justifications attestées varient d'une situation à l'autre et que les répondants des deux espaces opèrent des choix similaires. Cependant, les contenus des justifications font l'objet d'un codage linguistique qui diffère légèrement dans les deux variétés et cela en fonction des types de rapport que les locuteurs entretiennent avec leurs interlocuteurs.

Les justifications envers les amis

Les choix des Français

Pour justifier les refus de rendre le service demandé par leurs amis (à savoir leur donner les notes de cours manqués), les répondants français indiquent, entre autres, qu'ils n'ont pas les notes de cours demandées (« *Je ne les ai pas sur moi* »), que les notes en question ne sont pas assez claires ou lisibles (« *il te sera difficile de comprendre mes notes* », « *tu auras du mal à les lire* »), qu'elles ne sont pas complètes (« *déjà, mes notes ne sont pas complètes)*, qu'ils ne veulent pas prêter les notes en question *(« J'ai pas la foi de rassembler tous les cours que tu as manqués »)*, qu'ils les ont déjà prêtées à quelqu'un d'autre. Un exemple de justification française est donné en (11).

11) Je suis désolée mais **je n'ai pas pris le cours**. (FF-D-AM)

Les choix des Camerounais

Pour se justifier, les informateurs camerounais indiquent, entre autres, qu'ils ont besoin de leurs cours pour travailler (« *Moi-même je dois résumer mon cours maintenant* »), qu'ils ont oublié les cours en question (« *je n'ai pas apporté mes cours* »), que leurs notes ne sont pas complètes (« *je n'ai pas toutes les notes à cause de la rapidité du professeur* »). Nous avons identifié un cas dans le corpus où le répondant, pour se justifier, précise que son refus n'est pas dû à la méchanceté, mais que son acte est un appel à la raison (« *je ne le fais pas, pas par méchanceté mais pour une bonne leçon pour toi* »). Mentionnons un autre cas où la justification prend la forme d'expression de la méfiance : le locuteur fait allusion à la possibilité que les notes de cours demandées se perdent ou soient endommagées, tel qu'illustré en (12). Dans cet extrait, il est clair que l'appréhension du locuteur se justifie par le fait que ses « *cours ne reviennent jamais intactes* ».

12) Je n'aime pas trop donner mes cours aux gens. **Après tantôt c'est une page qui a disparu, ou l'huile s'est versée sur la feuille. La plupart du temps mes cours ne reviennent jamais intactes**. (FC-D-AM)

Les justifications destinées aux personnes inconnues

Les choix des Français

Pour justifier leurs refus de prêter leurs téléphones aux interlocuteurs inconnus, les répondants français indiquent, entre autres, qu'ils sont pressés (« *je dois filer en vitesse* »), que la batterie de leurs téléphones est déchargée (« *Je n'ai plus de batterie* »), qu'ils n'ont pas/plus assez d'unités (« *je n'ai plus de crédit sur mon téléphone* », « *Je suis un peu limite ce mois-ci* », « *je n'ai plus de forfait* »), qu'ils attendent un coup de fil (« *j'attends un coup de fil important* »).

Les choix des Camerounais

Les répondants camerounais indiquent, entre autres, qu'ils sont pressés (« *Je ne peux m'arrêter même pas une minute* »), qu'ils n'ont pas (assez) d'unités (« *Je n'ai pas assez d'unités* »), que la batterie de leur téléphone est déchargée (« *ma batterie est presque à plat* »), qu'ils attendent un coup de fil (« *J'aurai un coup de fils très important d'un moment à l'autre* »). En plus de ces raisons, nous avons aussi relevé des énoncés de la méfiance; lesquels consistent à indiquer qu'on ne connait pas l'interlocuteur (« *Je ne vous connais pas* », « *Déjà je ne sais qui tu es* »), ou à évoquer la peur de perdre son téléphone (« *rien ne me garantit que vous n'allez pas vous en aller avec mon téléphone* »).

Les justifications adressées aux professeurs

Les choix des Français

Quand les répondants français refusent d'aider leurs enseignants, ils peuvent dire qu'ils n'ont pas le temps (« *je n'ai malheureusement pas le temps pour vous aider* ») ou évoquer leur emploi du temps surchargé et le volume du travail à accomplir (« *on a beaucoup de boulot en ce moment* », « *mon emploi de temps ne me permet pas de vous aider d'organiser votre colloque* »). Certains Français indiquent tout simplement qu'il ne leur revient pas le devoir de rendre ce genre de service (« *ce n'est pas mon rôle* »).

Les choix des Camerounais

Les répondants camerounais évoquent, dans une certaine mesure, les mêmes raisons que leurs homologues français. Certains Camerounais disent, entre autres, qu'ils sont (très) occupés ou n'ont pas assez de temps *(« je suis vraiment très affaré ces derniers temps », « mais le temps me fait défaut »)*. D'autres évoquent des raisons indépendantes de leur volonté (« *pour les causes indépendantes de ma volonté* »), des obligations personnelles (« *j'ai des obligations personnelles à remplir* »), des événements dans leurs familles (« *je suis très occupé par la naissance de mon neveu actuellement* ») et des travaux universitaires (« *je serai tellement occupé ce jour-là par la compo* »). Les justifications peuvent être précédées des actes comme l'expression de bonne volonté et le refus direct et suivies d'une excuse, tel qu'en (13).

13) Je suis très honoré que vous ayez pensé à moi, mais je ne puis accepter. **J'ai malheureusement d'autres engagements très pressants d'ailleurs que je me dois d'honorer.** Mes excuses les plus sincères. (FC-D-PROF)

La modalisation des justifications

Dans la plupart des cas, les répondants des deux espaces francophones font appel à divers types de procédés lexicaux pour intensifier ou adoucir leurs justifications. Certains Camerounais interrogés font usage des adverbes et locutions temporels comme « *maintenant* », « *aujourd'hui* », « *déjà* », « *longtemps* », « *actuellement* », « *d'un moment à l'autre* », « *ce jour-là* », « *en ce moment* », « *ces derniers temps* », etc., afin de souligner un conflit horaire ou une incompatibilité entre la réalisation de l'action demandée et leur disponibilité. Ces marqueurs temporels servent ainsi à renforcer les justifications dans lesquelles ils apparaissent. Il y a aussi des cas où les Camerounais font appel aux adverbes comme « *malheureusement* » (« *je n'ai malheureusement pas d'unités* ») et « *franchement* » pour mettre en relief le regret ou la sincérité qui accompagne leurs justifications. Signalons aussi le recours aux marqueurs d'intensité comme « *moi-même* », « *là-même* », « *même pas une minute* », « *même* », « *tellement* », « *assez de* », « *totalement* », « *bien* », « *très* », « *simplement* », « *trop* », « *vraiment* », etc. qui sont employés pour renforcer les justifications. Le répertoire des modalisateurs camerounais regorge aussi des éléments comme « *presque* », « *un peu* », « *peut-être* », « *voyez-vous* », « *tu sais que* », etc. qui sont utilisés pour adoucir certains aspects menaçants des justifications.

Les choix des Français sont aussi marqués par le recours aux marqueurs temporels comme « *en ce moment* », « *pour la fin de la journée* », « *ces derniers temps* », « *ce jour-là* », « *déjà* », etc., dont la fonction est d'indiquer que le moment choisi n'est pas opportun pour apporter l'aide demandée. D'autres répondants français utilisent des marqueurs d'intensité comme « *en vitesse* », « *beaucoup (de)* », « *vraiment* », « *trop (de)* », « *une montagne de* », « *très* », « *pour moi* », etc. pour renforcer leurs justifications. Il y a aussi des cas où les adverbes comme « *franchement* » et « *malheureusement* » sont employés pour dire la sincérité et le regret qui accompagnent les justifications. L'activité d'atténuation des justifications a lieu moyennant les éléments comme « *presque* », « *un peu* » et le pronom « *on* ».

3.3.2.2. Les excuses et regrets

Cette stratégie indirecte est généralement accompagnée d'autres types d'actes. En recourant à cette stratégie, les locuteurs montrent qu'ils sont conscients du désagrément, de la déception qu'impliquent leurs refus et qu'ils refusent contre leur gré. Autrement dit, la stratégie sert à désamorcer la menace qu'implique le refus sur la face de l'interlocuteur. L'analyse révèle que le répertoire des excuses et regrets chez les Français est moins varié que celui des Camerounais et que les répondants des deux groupes n'utilisent pas les mêmes structures linguistiques pour actualiser cette stratégie indirecte.

Les choix des Français

Des 36 énoncés produits par les Français, 16 (44.4%) sont des excuses du type « *je suis désolé* » et 15 (41.7%) sont des excuses du type « *désolé* ». Les autres formules présentent un taux d'emploi nettement bas. Il s'agit des variantes « *excuse-moi* » et « *je m'excuse* » qui sont attestées trois fois (8.3%). Il y a un énoncé avec « *pardon* » (2.8%) et un autre avec la variante « *j'espère que vous comprenez* » (2.8%). En termes de position et fonction dans un tour de parole ou une intervention communicative, les excuses et regrets servent d'annonceurs et d'adoucisseurs lorsqu'ils précèdent les refus directs, tel qu'en (14) et les refus indirects, tel qu'illustré en (15). Les excuses peuvent aussi apparaitre avant et après la justification, comme le montre (16).

14) **Je suis désolé mais** je ne vais pas pouvoir, j'ai trop de choses à faire. (FF-D-PROF)
15) **Je suis désolée mais** je n'ai plus de forfait. (FF-D-INC)
16) **Je m'excuse mais** j'ai beaucoup de travail en ce moment, je n'ai malheureusement pas le temps pour vous aider. **Désolé.** (FF-D-PROF)

Les choix des Camerounais

Les formes d'excuses et de regrets produites par les Camerounais sont nombreuses et variées. Sur les 39 énoncés relevés, 11 (28.2%) sont des excuses de la variante « *désolé* » ou « *navré* ». Celle-ci peut s'employer seule (« *désolé* », « *navrée* ») ou peut être associée à une forme nominale d'adresse (« *désolée ma chérie/monsieur/mon pote* »), à un syntagme verbal introduit par « de » (« *désolé de ne pas pouvoir vous venir en aide monsieur* »). Il y a 13 (33.3%) excuses de la variante « *je suis navré/désolé* » ; laquelle peut être renforcée au moyen d'autres éléments comme l'adverbe d'intensité « *vraiment* » (« *je suis vraiment désolé* »), les formes nominales d'adresse *(« je suis désolé mon pote »*, « *mon cher, je suis désolé* », « *je suis désolé monsieur* ») ou un syntagme verbal introduit par « *de* » (« *je suis navrée Madame de ne pas pouvoir vous assister* »). Nous avons aussi relevé sept (18%) énoncés de la variante « *excuse-moi* », laquelle peut emprunter diverses formes, comme le montrent les exemples ci-après : « *cher frère, tu vas m'excuser* », « *je vous présente mes excuses Monsieur* », « *je vous demande de m'excuser* », « *Mes excuses les plus sincères* », « *Madame, excusez-moi de vous décevoir* », « *excuse-moi* ». Certains répondants camerounais préfèrent des formules de regrets comportant le terme « chance » comme c'est le cas avec « *vous n'avez pas de chance avec moi* » et « *t'as pas beaucoup de chance* ». Mentionnons aussi des formules d'excuses comme « *s'il vous plaît monsieur* », « *dommage* », « *pardon* », « *ne dis pas que je t'ai refusé* », « *monsieur, avec tout le respect que je vous dois* », « *ça me fait vraiment de la peine de ne pas être à votre disposition pour cette cérémonie* ». Dans les exemples camerounais, l'excuse ou le regret peut précéder le refus direct, tel qu'en (17), ou le refus indirect, comme le montre (18), et il y a des cas où plusieurs excuses et regrets apparaissent dans une même intervention, tel qu'illustré en (19).

17) **Je suis désolé monsieur,** je ne peux pas vous venir en aide parce que je suis très occupé. (FC-D-PROF)
18) **Pardon excuse-moi** je suis un peu pressé et peut-être il n'y a pas assez de crédit dedans. **Ne dis pas que je t'ai refusé** je ne fais pas de call-box. (FC-D-INC)
19) **Désolée ma chérie!** J'ai oublié ledit cours à la maison. **T'as pas beaucoup de chance, navrée.** (FC-D-AM)

Outre la variété des formules camerounaises, l'analyse révèle que les excuses adressées aux professeurs sont plus expansives que celles destinées aux amis et camarades de classe. Ce choix semble influencé par la relation verticale entre le locuteur (étudiant) et l'interlocuteur (enseignant) et il participe d'une stratégie de préservation de la face de l'interlocuteur en position d'autorité.

3.3.2.3. Les suggestions et conseils

Le recours aux suggestions et conseils est une stratégie indirecte qui contribue à la préservation des faces et de l'harmonie interactionnelle dans la mesure où le locuteur indique au moyen d'une suggestion ou d'un conseil qu'en dépit du refus il voudrait que le destinataire trouve une solution à son problème. Les locuteurs peuvent suggérer une ligne d'action susceptible d'aider l'allocutaire ou lui conseiller une personne susceptible de rendre le service demandé.

Les choix des Français

Les exemples français contiennent des suggestions qui apparaissent seules, tel qu'en (20), et celles qui précèdent (21) ou suivent d'autres types d'actes (22).

20) Viens en cours, cela t'évitera de ne pas avoir tes cours à copier. (FF-D-AM)
21) **Peut-être trouverez-vous quelqu'un dont l'emploi du temps permet une plus grande implication**, car le mien est trop chargé. (FF-D-PROF)
22) Je suis un peu limite ce mois-ci et il ne me reste plus beaucoup de crédits. **Mais attendez, je vais passer une annonce en amphi pour vous aider à trouver quelqu'un**. (FF-D-INC)

Cette stratégie est beaucoup plus employée par les Français lorsque ces derniers repoussent les demandes d'aide de leurs amis. Dans cette situation, les répondants français suggèrent ou conseillent à leurs vis-à-vis de demander les notes de cours à quelqu'un d'autre (« *demande à quelqu'un d'autre* »), d'attendre une autre fois (« *tu peux les prendre dès qu'il aura fini de les photocopier* »), de venir au cours (« *viens en cours, cela t'évitera de ne pas avoir tes cours à copier* »). Il y a une seule suggestion adressée à une personne inconnue : il s'agit d'un cas où le locuteur propose de « *passer une annonce en amphi pour [...] aider à trouver quelqu'un* ». Lorsqu'ils s'adressent à leurs professeurs, les Français suggèrent à leurs interlocuteurs de faire appel à quelqu'un d'autre (« *peut-être trouverez-vous quelqu'un dont l'emploi du temps permet une plus grande implication* »). L'analyse a aussi révélé l'emploi par des Français de trois modalisateurs dans les suggestions, notamment « *peut-être* », « *essayez de* » (« *essayez de demander à un autre étudiant* ») et « *surement* » (« *tu trouveras surement quelqu'un d'autre dans la classe* »).

Les choix des Camerounais

Dans les exemples camerounais, les suggestions apparaissent généralement après les refus directs, tel qu'en (23) et les refus indirects comme l'excuse et la justification, tel qu'illustré en (24).

23) Je suis désolé mais je ne vous donnerai pas mon téléphone. **Je vous donne plutôt de l'argent pour aller au call box.** (FC-D-INC)
24) Je suis vraiment désolé, je n'ai pas apporté les supports de ces cours aujourd'hui. **Mais tu peux demander à une autre personne.** (FC-D-AM)

Notons aussi que les suggestions camerounaises varient selon le type de situation. Dans les interactions avec les amis, les locuteurs suggèrent que leurs interlocuteurs demandent les notes de cours à quelqu'un d'autre (« *essaye d'emprunter à une autre personne* », « *cherche-toi ailleurs* »). Quand ils s'adressent aux personnes inconnues, les répondants conseillent à leurs vis-à-vis d'aller voir ailleurs (« *tu ferais mieux d'essayer ailleurs* », « *battez-vous ailleurs* »,) ou d'aller au call-box (« *vaut mieux tu vas au call-box[1]* »). Dans la situation asymétrique (professeur-étudiant), les répondants indiquent qu'il y a d'autres personnes qui pourraient aider leurs professeurs (« *mais je peux vous recommander d'autres camarades si vous le voulez bien monsieur* », « *est-ce que je pourrais vous trouver une autre personne ?* »). Dans certains cas, les répondants camerounais font appel à divers procédés lexicaux et morphosyntaxiques pour modaliser leurs suggestions. Il s'agit des éléments comme « *je te dirais de* », « *essaye de* », « *vaut mieux* », « *tu ferais mieux de* », « *plutôt* », « *ce serait plus facile de* », « *si vous le voulez bien* », etc., dont la fonction est d'atténuer l'idée d'imposition que les suggestions pourraient provoquer.

3.3.2.4. Les reproches

Les choix des Français

Chez les Français, cette stratégie est uniquement employée dans les interactions avec les amis. Les reproches recensés portent sur les absences répétées de l'interlocuteur (« *t'es presque jamais là* », « *tu rates tout le temps les cours* »). Il y a aussi des cas où le reproche vise à inciter l'interlocuteur à assumer les conséquences de ses actes (« *donc assume* », « *prend tes responsabilités* ») et à lui rappeler qu'il est de son devoir d'aller aux cours (« *t'as qu'à venir si tu les veux les cours* », « *tu n'avais qu'à être présent* »). Dans d'autres

---

[1] Notons qu'au Cameroun, les *call-box* sont des cabines téléphoniques de fortune qui jonchent les rues de villes où les vendeurs (appelés *call-boxeurs*) en détail des crédits de communication contenus dans leurs téléphones portables offrent la possibilité à leurs clients de passer des coups de fils.

cas, les Français interrogés font implicitement allusion au contraste entre leur comportement-modèle et celui de l'interlocuteur absentéiste (« *tous les jours je me suis levé pour venir chercher ces cours* », « *moi, je suis là à chaque cours* »). A cela s'ajoutent des combinaisons de deux reproches dans un même tour de parole, tel qu'en (25).

> 25) Désolée mais tu n'avais qu'à être présent, tu rates tout le temps les cours. Prend tes responsabilités. (FF-D-AM)

Les choix des Camerounais

Les reproches produits par les Camerounais sont adressés aux amis et personnes inconnues. Dans les interactions avec leurs amis, les Camerounais font des reproches portant sur l'absence répétée et injustifiée des interlocuteurs au cours (« *Dieu sait ce que tu fais pour être absentéiste!* », « *Tu es toujours absent* »). Les reproches apparaissent aussi sous forme de rappels des devoirs d'un étudiant (« *tu dois apprendre à venir t'assoir aussi comme les autres* », « *en tant qu'étudiant tu n'as pas le droit de manquer les cours* »), de sarcasme (« *tu tournes le business pendant que nous souffrons ici* »), de réprimande ou critique (« *je n'encourage pas les inconscients* »), de moralisation (« *Si tu étais au moins malade je t'accorderais cette faveur* »). Il y a aussi des exemples où les locuteurs, cachant à peine leur exaspération, demandent à leurs amis de ne pas les déranger et d'assumer les conséquences de leurs actions. Ils s'appuient à cet effet sur des énoncés comme « *tu ne m'as pas envoyé à l'école* », « *c'est pas moi qui te demande de manquer les cours* ». Les reproches destinés aux personnes inconnues apparaissent sous forme de réprobations ou questions polémiques (« *toi-même tu as déjà vu ça où? Quelqu'un que tu ne connais pas lui laisser ton téléphone?* », « *c'est toi qui charge mon téléphone?* »), de moralisations ou railleries (« *le téléphone est personnel* », « *le gratuit n'existe pas* »).), d'allusions aux cabines téléphoniques payantes appelées « *call-box* » (« *je ne fais pas le call-box* »).

3.3.2.5. Les promesses

Le refus indirect se manifeste aussi sous forme de promesse dont la fonction est d'indiquer qu'en dépit de son refus actuel ou son indisponibilité, le locuteur répondra favorablement à une autre demande.

Les choix des Camerounais

Des trois promesses attestées dans les exemples camerounais, deux sont employées dans la situation 1 où elles sont associées à d'autres stratégies indirectes, tel qu'en (26) et (27). L'autre promesse apparait dans une interaction avec le professeur où elle suit un refus direct et précède un refus indirect, tel qu'en (28).

26) Pas maintenant j'ai des retouches à faire dessus **je te les donnerai plu tard**, sois patiente. (FC-D-AM)
27) Gars, la vie c'est un choix entre l'école ou le business. Et là même je n'ai même pas tous mes cours sur moi, **peut-être prochainement**. (FC-D-AM)
28) Ça ne sera pas possible cette fois-ci madame, **je vous promets prochainement**. Je suis très occupé par la naissance de mon neveu actuellement. (FC-D-PROF)

Les choix des Français

Les deux promesses employées par les répondants français sont exprimées envers les professeurs et elles sont associées au refus direct, tel qu'en (29) et aux refus indirects, tel qu'en (30). Alors que le refus en (36) est construit selon le format « *pas cette fois-ci, mais certainement la prochaine fois* », le locuteur, en (37), promet d'être disponible la prochaine fois, si l'interlocuteur a besoin de lui.

29) Cette fois je ne peux pas mais **la prochaine fois ce sera avec plaisir**. (FF-D-PROF)
30) Je suis désolé, mais je suis débordé ces derniers temps entre les cours et mes obligations personnelles. **N'hésitez pas à me contacter dans quelques temps si vous avez à nouveau besoin d'aide.** (FF-D-PROF)

3.3.2.6. Les autres types de refus indirects

Les trois autres stratégies indirectes, à savoir l'allusion au principe, l'expression de la préférence et le refus provisoire, sont attestées uniquement chez les Camerounais. Elles remplissent des fonctions pragmatiques variables. Considérons les exemples ci-dessous.

31) **Je n'aime pas trop donner mes cours aux gens.** Après tantôt c'est une page qui a disparu, ou l'huile s'est versée sur la feuille. La plupart du temps mes cours ne reviennent jamais intactes. (FC-D-AM)
32) **Je préfère ne pas te donner mes cours.** Tu es toujours absent. Je ne prends pas mes notes pour toi. Tu ne m'as pas envoyé à l'école. (FC-D-AM)

33) **Pas maintenant** j'ai des retouches à faire dessus je te les donnerai plu tard, sois patiente. (FF-D-AM)

L'énoncé en gras de l'exemple (31) permet au locuteur d'évoquer un principe pour faire savoir à l'interlocuteur que le refus n'a rien de personnel. En effet, le locuteur indique implicitement que peu importe la personne qui lui demande ses notes de cours, il dira non. On note aussi que locuteur prend la peine de donner les raisons pour lesquelles il fait prévaloir ce principe. L'expression de la préférence dans l'exemple (32) vient amplifier trois énoncés menaçants liés aux absences répétées et non justifiées de l'interlocuteur. En (33), le locuteur utilise l'énoncé « *pas maintenant* » pour inciter son interlocutrice à faire preuve de patience. On note que cet appel à la patience est réitéré à la fin du tour de parole moyennant l'énoncé « *soi patiente* ».

Un autre volet de l'analyse consistait à examiner la distribution des stratégies indirectes discutées *supra* dans les trois situations. Les résultats de cette analyse révèlent des similitudes et différences entre les deux groupes, comme le montre le tableau 5.

Tableau 4. Distribution situationnelle des formulations indirectes

Type de formulation indirecte	S1-Ami(e)		S2-Inconnu(e)		S3-Professeur(e)	
	FC	FF	FC	FF	FC	FF
Justification	11	10	25	22	21	20
Excuse	9	9	12	15	18	12
Suggestion / conseil	5	6	5	1	3	2
Reproche	16	15	7	-	-	-
Promesse	2	-	-	-	1	2
Principe	1	-	-	-	-	-
Préférence	1	-	1	-	-	-
Refus provisoire	1	-	-	-	-	-
Total	46	40	50	38	43	36

Le tableau 5 montre que les répondants des deux groupes se justifient beaucoup plus lorsqu'ils refusent les demandes formulées par des personnes inconnues et par leurs enseignants. Alors que les Français s'excusent beaucoup plus quand ils ont affaire aux personnes inconnues, les Camerounais utilisent les excuses beaucoup plus envers leurs enseignants. Les Camerounais font des suggestions envers leurs amis et des personnes inconnues de la même manière. Les Français, par contre, font majoritairement des suggestions quand ils refusent de rendre service à leurs amis. Concernant l'acte de reproche, on note que tous les exemples français sont réalisés envers les amis, tandis que les Camerounais font des reproches aussi bien aux amis qu'aux personnes inconnues, avec, toutefois, une plus forte fréquence de reproches envers les amis.

L'analyse dans cette section a montré que les locuteurs des deux variétés du français disposent d'un vaste répertoire de stratégies pour refuser indirectement les demandes de leurs interlocuteurs. Nous avons aussi constaté que la plupart des stratégies indirectes n'apparaissent pas seules. Elles sont généralement accompagnées d'autres types de formulations et les combinaisons qui en résultent permettent aux locuteurs d'accomplir des activités liées à la gestion des faces. Cette activité relationnelle peut aussi avoir lieu moyennant des procédés de modalisation de l'intensité du refus tels que les actes subordonnés et les modalisateurs lexico-sémantiques et morphosyntaxiques, comme le montre la section qui suit.

3.4. L'adoucissement et l'amplification des refus

3.4.1. Les actes subordonnés

Les répondants des deux espaces francophones font très peu usage d'actes subordonnés pour modaliser leurs refus. Les *expressions de bonne foi*, la *valorisation de la demande* et l'*exhortation* sont au nombre des actes employés par les Camerounais. Les Français ont fait appel aux *expressions de bonne foi*, au *vœu* et à l'*encouragement* (voir tableau 6).

Tableau 6. Fréquence des actes subordonnés

Type d'acte subordonné	S1-Ami(e)		S2-Inconnu(e)		S3-Professeur(e)	
	FC	FF	FC	FF	FC	FF
Bonne intention	-	-	2	1	8	5
Bon souhait/vœu	-	-	-	1	-	-
Valorisation de la demande/ Expression de gratitude	-	-	-	-	1	-
Encouragement	-	1	-	-	-	-
Exhortation	1	-	-	-	-	-
Total	1	1	2	2	9	5

Comme le tableau 6 le montre, la majorité des actes subordonnés dans les deux variétés sont des expressions de bonne foi et celles-ci accompagnant majoritairement les refus des demandes de service formulées par des enseignants. Les expressions de bonne foi servent à réduire l'impact négatif du refus sur la face du destinataire. Pour exprimer leur bonne foi, les répondants camerounais indiquent qu'ils aiment rendre service même si les conditions actuelles ne leur permettent pas de le faire, tel qu'en (34), ou mentionnent, sous forme de regret, le plaisir qu'ils auraient eu à rendre service, tel que montré en (35).

34) Désolé! **Madame j'aime généralement rendre service,** mais aujourd'hui je suis appelé à d'autres fonctions, je vous demande de m'excuser. (FC-D-PROF)
35) **J'aurais aimé beaucoup vous aider, mais** je n'ai malheureusement pas unités dans mon téléphone portable pour appeler. (FC-D-INC)

Les répondants français utilisent sensiblement les mêmes types d'énoncés que leurs homologues camerounais, à savoir les énoncés par lesquels ils indiquent qu'ils auraient rendu service si la situation avait été différente, tel que montré en (36) et (37).

36) Désolé, **j'aurais participé avec plaisir** mais j'ai déjà beaucoup trop de travail en ce moment. (FF-D-PROF)
37) **J'aurais bien aimé** mais je n'ai plus beaucoup de crédit je vais être en hors, désolée! (FF-D-INC)

Outre les expressions de bonne foi, nous avons relevé un exemple chez les Français où le vœu est employé pour clôturer une séquence de refus, tel qu'en (38). En utilisant le vœu, le locuteur indique qu'en dépit du refus qui se justifie par le manque de temps (« *je dois filer en vitesse* »), le locuteur souhaite que son vis-à-vis puisse trouver une solution à son problème, notamment passer son coup de fil urgent. Le vœu sert ici à atténuer l'effet négatif du refus sur la face d'interlocuteur. Dans l'exemple (39), on observe que le répondant réalise un acte d'encouragement pour montrer à son ami que le refus de lui donner ses notes de cours n'est pas dû à la mauvaise foi. Après le refus direct (« *non* ») et les deux justifications ou refus indirects (« *mes notes ne sont pas complètes* », « *en plus tu auras du mal à les lire* »), le locuteur conseille à son ami de venir au cours. L'encouragement « *c'est bien vraiment, crois-moi!* » a pour but ici de renforcer le conseil et d'adoucir, par ricochet, l'impact de la réponse négative à la demande des notes de cours.

38) Je suis désolé, je dois filer en vitesse, **bon courage!** (FF-D-INC)

39) Non déjà, mes notes ne sont pas complètes, en plus tu auras du mal à les lire et il faut que tu viennes en cours, **c'est bien vraiment, crois-moi!** (FF-D-AM)

Dans les réponses camerounaises, nous avons relevé deux autres types d'actes subordonnés, à savoir la valorisation de la demande, tel qu'illustré en (40) et l'exhortation, tel qu'en (41). En (40), le locuteur indique qu'il est honoré que son professeur ait pensé à lui demander ce service, même s'il n'est pas en mesure d'y répondre favorablement. En employant cette stratégie, qui pourrait aussi s'interpréter comme un remerciement indirect, le locuteur cherche à atténuer l'effet du refus et à flatter la face positive de l'interlocuteur. En (41), l'exhortation à la fin du macro-acte sert à renforcer la promesse de donner les notes de cours. On peut aussi dire que cet acte subordonné paraphrase et/ou renforce le refus provisoire « *pas maintenant* ».

40) **Je suis très honoré que vous ayez pensé à moi**, mais je ne puis accepter. J'ai malheureusement d'autres engagements très pressants d'ailleurs que je me dois d'honorer. Mes excuses les plus sincères. (FC-D-PROF)

41) Pas maintenant j'ai des retouches à faire dessus je te les donnerai plus tard, **sois patiente**. (FC-D-AM)

D'une manière générale, les Camerounais et Français interrogés s'appuient sur différents types d'actes subordonnés pour adoucir leurs refus. Ils font aussi appel aux modalisateurs internes pour accomplir des tâches liées au ménagement des faces. Il s'agit de procédés lexicaux, morphologiques et syntaxiques.

3.4.2 Les adoucisseurs et amplificateurs lexicaux, morphologiques et syntaxiques

Il faut préciser d'emblée que le corpus regorge de procédés ou modalisateurs internes utilisés au sein des actes centraux ou actes subordonnés. Les unités morphosyntaxiques et lexicales employées comme modalisateurs internes peuvent être réparties dans les deux sous-classes fonctionnelles suivantes. La première sous-catégorie comprend les modalisateurs internes d'atténuation ou adoucisseurs, alors que la deuxième sous-classe est celle des modalisateurs internes d'amplification ou amplificateurs. Les adoucisseurs sont nettement moins nombreux que les amplificateurs et les répondants camerounais utilisent plus de modalisateurs internes que leurs homologues français, comme le montre le tableau 7. Des 97 modalisateurs utilisés par les Camerounais, 25

(25.8%) sont des adoucisseurs et 72 (74.2%) sont des amplificateurs. Sur les 63 modalisateurs employés par les Français, 17 (27%) sont des adoucisseurs et 46 (73%) sont des amplificateurs.

Tableau 7. Distribution des adoucisseurs et amplificateurs dans les deux variétés du français

Type de modalisateur	France		Cameroun	
	N	%	N	%
Adoucisseurs	17	27	25	25.8
Amplificateurs	46	73	72	74.2
Total	63	100	97	100

3.4.2.1 Les adoucisseurs

Les choix des Camerounais

On note que des 25 adoucisseurs employés par les Camerounais, il y a sept qui apparaissent au sein des refus directs. Il s'agit de l'adverbe « *malheureusement* », tel qu'en (42), dont la fonction est d'exprimer le regret de devoir refuser, le conditionnel du verbe « *pouvoir* », tel qu'en (42), la locution adverbiale « *cette fois-ci* », tel qu'en (43), et les tournures d'évitement « *ça ne sera pas possible* », comme le montre (43) et « *se permettre de* », tel qu'illustré en (44).

    42) Désolé Monsieur je ne pourrais **malheureusement** pas vous être disponible. (FC-S3)
    43) **Ça ne sera pas possible cette fois**-ci madame, je vous promets prochainement. Je suis très occupé par la naissance de mon neveu actuellement. (FC-S3)
    44) Cher frère, tu vas m'excuser, car je n'encourage pas la faiblesse, dans ce sens **je ne peux me permettre de** te donner mes cours. (FC-S1)

Outre les refus directs, les répondants camerounais adoucissent les refus indirects, plus précisément les justifications, suggestions et promesses. Il y a sept adoucisseurs dans les justifications, notamment les adverbes « malheureusement », « presque » (« *ma batterie est presque à plat* »), « *peut-être* », « *un peu* ». En employant « *malheureusement* », le locuteur indique son regret d'évoquer la raison de son refus. On peut voir à travers l'adverbe « *peut-être* » dans l'énoncé « *peut-être il n'y a pas assez de crédit dedans* » un souci du locuteur d'exprimer son incertitude par rapport à sa justification et de protéger sa propre face. Nous avons aussi recensé le marqueur discursif « *voyez-vous* » (« *voyez-vous monsieur, je suis tellement occupé en ce moment* »), dont la fonction est d'amener l'interlocuteur à comprendre et accepter la raison de son refus. En combinaison avec le terme honorifique « *monsieur* », le marqueur discursif prend une valeur d'amadoueur. Il y a aussi dix occurrences d'atténuation des suggestions. Les locuteurs recourent à cet effet aux éléments comme « *je te dirais de* », « *essaye de* », « *vaut mieux* », « *tu ferais mieux de* », « *plutôt* », « *ce serait plus facile de* », « *si vous le voulez bien* », et la structure interrogative « *est-ce que je pourrais vous trouver une autre personne ?* », dont la fonction est de désamorcer l'idée d'imposition que les suggestions pourraient provoquer chez les interlocuteurs. Finalement, un locuteur utilise l'adverbe « *peut-être* » pour adoucir la promesse d'aider son interlocuteur la prochaine fois (« *peut-être prochainement* »). L'adverbe « *peut-être* » rend la promesse moins catégorique et permet au locuteur de conserver une marge de manœuvre par rapport à une future demande de son vis-à-vis.

Les choix des Français

Sur les 17 adoucisseurs utilisés par les répondants français, cinq apparaissent au sein des refus directs. Il s'agit des éléments suivants : la locution adverbiale « *cette fois-ci* », (« *je ne pourrai pas cette fois-ci* »), l'adverbe « *malheureusement* », tel qu'en (45), la tournure impersonnelle « *ça ne va pas être possible* », tel qu'en (46).

    45) Je suis très occupé je ne peux pas **malheureusement**, en revanche ce serait un plaisir d'y assister. (FF-D-PROF)
    46) 'Excuse-moi mais **ça ne va pas être possible**. J'ai pas la foi de rassembler tous les cours que tu as manqués. (FF-D-AM)

Il y a aussi cinq justifications adoucies moyennant les modalisateurs tels que « *malheureusement* », comme le montre (47), « *presque* », tel qu'en (48), « *un peu* », tel qu'illustré en (49). Le locuteur en (47) indique qu'il regrette de manquer de temps pour rendre le service demandé. En (48), le locuteur recourt à l'adverbe « *presque* » pour éviter d'être trop direct et impoli dans sa première justification et pour rendre la deuxième justification plausible et acceptable aux yeux du destinataire. Il en va de même pour la locution « *un peu* » en (49), dont le rôle est de permettre au locuteur d'éviter que la justification lui fasse perdre sa propre face.

    47) Malheureusement je manque de temps pour vous aider. (FF-D-PROF)

48) Pardon mais **j'ai presque plus de batterie** et j'en ai encore besoin pour rentrer chez moi. (FF-D-INC)

49) **Je suis un peu limite ce mois-ci** et il ne me reste plus beaucoup de crédits. (FF-D-INC)

Les cinq autres adoucisseurs identifiés sont employés au sein des reproches sont « *presque* », « *un peu* », « *peut-être* », « *quand même* » et la tournure « *il faudrait* », comme le montrent les exemples (50) et (51). Ces modalisateurs servent à amoindrir le choc des reproches.

50) Désolé mais t'es **presque** jamais là et ça me soule **un peu** de prendre toujours les cours pour les absents. (FF-D-AM)

51) Oui, mais **Il faudrait peut-être** que tu penses à prendre tes cours **quand même**. (FF-D-AM)

Les répondants français ont aussi employé les adoucisseurs « *peut-être* » (« *peut-être trouverez-vous quelqu'un ...* ») et « *essayer de* » pour atténuer les suggestions.

3.4.2.2 Les amplificateurs

Ils peuvent être répartis dans deux sous-groupes. Le premier sous-groupe comprend les intensificateurs, alors que le deuxième est celui des durcisseurs. Alors que les intensificateurs renforcent le caractère positif des actes flatteurs, les durcisseurs amplifient l'impact des actes menaçants.

3.4.2.2.1 Les intensificateurs

Les choix des Camerounais

Des 58 intensificateurs auxquels les répondants camerounais ont recouru, 39 sont attestés dans les justifications. Il s'agit pour la plupart des adverbes et locutions temporels dont la fonction majeure est de faire savoir à l'interlocuteur qu'il y a un conflit, une certaine interférence « temporelle » entre la disponibilité des locuteurs et la réalisation de l'action demandée (voir section 3.2.1). Les locuteurs camerounais utilisent aussi des marqueurs d'intensité comme « *moi-même* », « *là-même* », « *même pas une minute* », « *même* », « *tellement* », « *assez de* », « *totalement* », « *bien* », « *très* », « *simplement* », « *trop* », « *vraiment* », etc. pour renforcer la solidité ou validité des raisons énoncées. D'autres actes de langage sont renforcés à l'aide des adverbes d'intensité. C'est le cas de « *vraiment* » qui apparait dans les excuses ou expressions de regret. L'adverbe « *trop* » est utilisé pour renforcer l'allusion au principe (« *je n'aime pas trop donner mes cours aux gens* ») : par cet adverbe, le locuteur indique qu'il tient vraiment à son principe. Les expressions de bonne volonté sont aussi renforcées moyennant les adverbes comme « *vraiment* », « *beaucoup* », « *tellement* », « *généralement* », « *bien* », « *très* », entre autres, et à l'aide de l'adjectif « *grand* ». L'adverbe « très » est utilisé pour renforcer la valorisation de la demande (« *je suis très honoré que vous ayez pensé à moi* »). En dehors des unités lexicales, les Camerounais mobilisent aussi des unités morphosyntaxiques pour renforcer certains actes. C'est le cas de la formule performative « *je vous promets* », employée par un locuteur dans sa promesse de répondre favorablement à la prochaine demande de son professeur (« *je vous promets prochainement* »). En utilisant cette formule, le locuteur s'engage de manière explicite à respecter cette promesse. Citons aussi la formule « *je suis sûr que* » dans l'exemple (52). Dans cet exemple, le locuteur indique tout d'abord qu'il ne pourra pas rendre le service demandé par son professeur et annonce son intention de proposer quelqu'un d'autre. En recourant à la structure syntaxique « *je suis sûr que* », le locuteur tente de rassurer l'interlocuteur de l'efficacité de l'aide que lui apportera la personne proposée.

> 52) Désolé Monsieur je ne pourrais malheureusement pas vous être disponible. Mais je vous propose un camarade qui pourra me substituer et **je suis sûr que** celui-ci vous sera d'un grand soutien. (FC-D-PROF)

Les choix des Français

Les répondants français recourent aussi abondamment aux intensificateurs. Ces procédés servent à renforcer trois types de refus indirects, notamment la justification et la suggestion et deux types d'actes subordonnés, à savoir l'expression de bonne volonté et l'acte d'encouragement. Des 39 intensificateurs attestés dans leurs exemples, les Français ont utilisé 31 unités lexicales pour renforcer leurs justifications. Les intensificateurs employés à cet effet peuvent se répartir dans les sous-groupes fonctionnels suivants. Le premier sous-groupe comprend les marqueurs temporels comme « *en ce moment* », « *ces derniers temps* », « *déjà* », « *encore* », etc. dont la fonction est de souligner que le moment n'est pas opportun pour rendre le service demandé. Le deuxième sous-groupe est celui des unités lexicales comme « *vraiment* », *très* »,

« *beaucoup de* », « *trop de* », « *une montagne de* », « *franchement* », « *en vitesse* », qui sont utilisées pour souligner l'intensité et la sincérité qui sous-tendent l'actualisation des refus indirects. Par exemple, en employant la locution « *en vitesse* » (« *je dois filer en vitesse* » et « *une montagne de* » (« *j'ai une montagne de travail* »), le locuteur exprime respectivement le fait qu'il est vraiment pressé et qu'il a vraiment beaucoup à faire. Aussi attestés sont des cas où les locuteurs combinent de deux ou plusieurs intensificateurs dans une même justification, tel qu'illustré dans les exemples suivants.

    53) Désolé, j'aurais participé avec plaisir mais j'ai **déjà beaucoup trop de** travail **en ce moment**. (FF-D-PROF)

    54) Ça aurait été avec grand plaisir mais là **très franchement** j'ai **une montagne de** travail. (FF-D-PROF)

    55) Je n'aurais **vraiment** pas le temps de vous aider je suis **très** occupé **en ce moment**. (FF-D-PROF)

En dehors des justifications, les répondants français modalisent les suggestions, tel qu'en (56) et (57) et l'acte d'encouragement, tel qu'en (58).

    56) Peut-être trouverez-vous quelqu'un dont l'emploi du temps permet une **plus grande** implication. (FF-D-PROF)

    57) Il est trop tard pour me demander mais tu trouveras **surement** quelqu'un d'autre dans la classe. (FF-D-AM)

    58) Il faut que tu viennes en cours, c'est bien **vraiment**, crois-moi! (FF-D-AM)

Les expressions de bonne foi sont renforcées au moyen des unités lexicales comme « *bien* » (« *J'aurais* **bien** *aimé mais* »), « *vraiment* » (« *j'aurais* **vraiment** *été intéressée, mais* ») et « *grand* » (« *ça aurait été avec* **grand** *plaisir mais* »).

3.4.2.2.2 Les durcisseurs

Les choix des Camerounais

Nous avons relevé 13 durcisseurs dans les exemples camerounais. Trois de ces procédés de durcissement, notamment « *aussi facilement* », « *aujourd'hui* » et « *vraiment* » sont employés dans les refus directs, tel qu'illustré dans les exemples ci-dessous.

    59) Je ne peux pas te donner mes notes **aussi facilement**. En tant qu'étudiant tu n'as pas le droit de manquer les cours. (FC-D-AM)

60) Je ne te donne pas mes cours parce que je ne sais pas ce que tu fais chaque fois pour ne pas être présent au cours mais **aujourd'hui je dis non**. (FC-D-AM)

61) Madame, excusez-moi de vous décevoir c'est parce que je n'ai pas assez de temps, je suis très occupé, désolé je n'y peux **vraiment** rien. (FC-D-PROF)

Dans l'exemple (59), les adverbes « *aussi facilement* » donnent au refus direct une valeur de reproche. Le locuteur semble dire que ce serait trop facile de manquer les cours et de vouloir recopier les notes des autres. La suite de l'intervention semble confirmer l'idée qu'il s'agit d'un refus sous forme de reproche. En (60), l'adverbe « *aujourd'hui* » est utilisé pour indiquer l'exaspération du locuteur. Dans l'énoncé précédent, le locuteur dit implicitement que ce n'est pas la première fois que son ami demande les notes de cours. S'il a été compréhensif par le passé, cette fois-ci, la réponse est négative. Dans l'exemple (61), l'adverbe « vraiment » rend le refus direct plus catégorique et irréversible. Les dix autres durcisseurs sont utilisés dans les reproches. Il s'agit des adjectifs comme « *absentéiste* », « *inconscients* », du substantif « *faiblesse* » et des locutions verbales « *aller au quartier s'asseoir* », « *tourner le business* ». Ces unités lexicales rendent les reproches d'autant plus agressifs que les locuteurs s'en servent pour attribuer aux destinataires un certain nombre de défauts à l'origine de leurs demandes de notes cours. Nous avons aussi les adverbes ou locutions adverbiales comme « *toujours* », « *chaque foi* », dont la fonction est de relever la récurrence du comportement irresponsable du destinataire et, par conséquent, renforcer les reproches dans lesquels ils apparaissent. Il y a une occurrence de la particule « *toi-même* », employée pour appeler l'autre à la raison (« **toi-même** *tu as déjà vu ça où ?* »).

Les choix des Français

Les huit durcisseurs recensés dans les exemples français sont employés dans les énoncés de reproches. Il s'agit surtout des adverbes et locutions adverbiales comme « *tous les jours* », « *tout le temps* » (« *tu rates tout le temps les cours* »), « *trop* », « *toujours* », etc. utilisés pour souligner la récurrence inacceptable des absences de l'interlocuteur. A cela s'ajoute la tournure « *ça me soule de* », dont la fonction est d'expliciter l'exaspération du locuteur, le franchissement d'une limite inacceptable, tel qu'illustré en (69).

62) Désolé mais t'es **presque jamais** là et **ça me soule un peu de** prendre **toujours** les cours pour les absents. (FF-D-AM)

Un volet de l'analyse des modalisateurs était axé sur leur distribution dans les actes centraux et actes subordonnés. Le tableau 8 résume les résultats de cette analyse.

Tableau 8. Distribution des adoucisseurs et amplificateurs dans les deux variétés du français

		France		Cameroun	
		Adou	Ampli	Adou	Ampli
Refus directs		5		7	3
Refus directs	Justification	5	31	7	39
	Excuse/ regret			-	5
	Reproche	5	8	-	10
	Suggestion/conseil	2	2	10	-
	Préférence	-	-	-	1
	Principe	-	-	-	1
	Promesse	-	-	1	1
	Refus provisoire	-	-	-	-
Actes subordonnés	Encouragement	-	1	-	-
	Bonne volonté	-	5	-	10
	Valorisation de la demande	-	-	-	1
	Exhortation	-	-	-	-
Total		17	47	25	71

Il ressort du tableau 8 que les répondants français utilisent des modalisateurs d'adoucissement dans leurs refus directs. Chez les informateurs camerounais, par contre, on observe que les refus directs peuvent être adoucis ou durcis. En ce qui concerne la modalisation des refus indirects, le tableau 8 indique que les justifications sont les stratégies indirectes les plus fréquemment modalisées par les locuteurs des deux variétés du français. Ce résultat semble souligner la prépondérance des justifications dans l'énonciation du refus en France et au Cameroun. En plus d'être les actes les plus utilisés, elles constituent les actes les plus renforcés dans les deux espaces francophones. On peut aussi noter concernant les autres refus indirects que les suggestions sont beaucoup plus adoucies par les Camerounais que par les Français. Alors que les reproches sont adoucis ou durcis par les répondants français, on ne trouve que des cas de durcissement des reproches dans les exemples camerounais. S'agissant des actes subordonnés, l'analyse révèle que les expressions de bonne foi sont beaucoup plus intensifiées chez les Camerounais que chez les répondants français. En plus des stratégies de refus décrites ci-dessus, l'analyse du corpus révèle que les formes d'adresse jouent un rôle non moins négligeable dans l'énonciation du refus dans les deux variétés du français étudiées.

3.5. Les formes d'adresse

Si les formes d'adresse servent, d'une manière générale à interpeller ou héler l'interlocuteur et à construire un type particulier de relation socio-affective avec lui, elles fonctionnent dans les échanges demandes-refus comme des procédés d'atténuation et d'intensification des actes utilisés pour repousser les demandes d'aide. L'analyse montre notamment que les locuteurs des deux variétés du français font aussi appel aux formes d'adresse pour modifier la force illocutoire de leurs refus. En ce qui concerne les fréquences et types de formes d'adresse attestées dans notre corpus d'étude, le tableau 9 résume les choix des répondants.

Tableau 9. Fréquence des formes d'adresse dans les deux variétés du français

	France				Cameroun			
	S1	S2	S3	Total	S1	S2	S3	Total
Tu	23	-	-	23	34	10	-	44
Vous	-	1	8	9	-	8	25	33
Nous	-	-	-	-	1	-	-	1
Monsieur	-	-	-	-	-	-	15	15
Madame	-	-	-	-	-	-	5	5
Mademoiselle/demoiselle	-	-	-	-	-	2	-	2
Cher frère	-	-	-	-	1	-	-	1
Ma chérie	-	-	-	-	1	-	-	1
Mon cher	-	-	-	-	1	-	-	1
On	-	-	1	1	-	-	-	-
Total	23	1	9	33	38	20	45	103

Les choix des Français

Il y a au total 33 occurrences dans les exemples français, représentant uniquement des formes pronominales d'adresse. Nous avons relevé 23 exemples du pronom « *tu* », attestés uniquement dans les refus destinés aux amis. Il y a 9 occurrences du pronom « *vous* » apparaissant dans la plupart des cas, dans les interactions avec les professeurs.

Le pronom « *on* » est attesté une fois et fonctionne comme une stratégie d'évitement de la première personne dans la justification « *on a beaucoup de boulot en ce moment* ».

Les choix des Camerounais

Comparativement à leurs homologues français, les répondants camerounais semblent plus friands des formes d'adresse. Ils ont utilisé au total 103 formes d'adresse, réparties de la manière suivante. Il y a 78 formes pronominales et 25 formes nominales. Parmi les termes pronominaux, on retrouve 44 exemples de pronom « *tu* », employés dans les interactions avec les amis (34 occurrences) et les personnes inconnues (10 exemples). Il y a aussi 33 occurrences du pronom « vous », employé envers des personnes inconnues où le « *vous* » signale respect de la distance sociale et envers les professeurs où le « *vous* » marque le respect de la position haute de l'interlocuteur. A cela s'ajoute une occurrence du pronom « *nous* » employé envers un ami. Des 25 termes nominaux identifiés, il y a 20 occurrences des termes honorifiques « *monsieur/madame* », utilisés pour flatter la face des enseignants dont les demandes sont repoussées. A cela s'ajoutent les termes affectifs tels que « *cher frère* », « *mon cher* », « *ma chérie* » qui sont utilisés pour rappeler aux amis que le refus ne remet pas en question l'affection qui sous-tend l'interaction. Au regard de ce qui précède, on peut dire que l'emploi des formes d'adresse comme procédé de modalisation du refus est une stratégie qui est bel et bien exploitée par les répondants français et camerounais, mais que leurs choix divergent à plusieurs niveaux. En dehors de la différence statistique, il ressort de l'analyse que, contrairement aux Camerounais qui utilisent abondamment les termes honorifiques « *monsieur* » et « *madame* » en combinaison avec le pronom « *vous* » pour s'adresser à leurs enseignants et mitiger les refus de leurs demandes, les Français semblent se contenter du vouvoiement dans la même situation. Alors que les répondants camerounais chevauchent entre le tutoiement et le vouvoiement quand ils refusent les demandes des personnes inconnues, les Français semblent privilégier l'évitement des termes d'adresse dans le même type d'interaction. Il est possible que ce choix des Français soit motivé par le souci de préservation des faces.

3.6. Conclusion

L'objectif de ce chapitre était de proposer un examen comparatif des stratégies mises en œuvre par les locuteurs du français du Cameroun et du français de France pour refuser diverses demandes de service. La comparaison effectuée fait apparaitre sur plusieurs plans des similitudes mais aussi des différences entre les deux groupes.

En ce qui concerne la complexité des énoncés utilisés pour refuser, il s'est avéré que les répondants des deux espaces francophones utilisent des énoncés complexes ; lesquels leur permettent d'accomplir plusieurs tâches socio-communicatives. On peut retenir de l'analyse des stratégies de base que les répondants français et camerounais préfèrent les stratégies indirectes. Et même s'ils sollicitent sensiblement les mêmes types d'actes de langage pour refuser indirectement, cette similitude n'occulte pas un certain nombre de différences en ce qui a trait aux fréquences, formes de réalisation et distributions situationnelles des actes déployés. Il faut ajouter à cela quelques différences relatives à l'impact du degré de familiarité et de la distance hiérarchique sur l'emploi des actes subordonnés et des formes d'adresse dans les deux variétés du français.

Chapitre 4 : Comparaison des refus d'invitations

4.1. Introduction

L'objectif de ce chapitre est d'examiner et de comparer les stratégies langagières mises en œuvre par les répondants camerounais et français pour refuser les invitations formulées par leurs amis, camarades de classe et professeurs. Cette analyse permettra aussi de comprendre comment les facteurs tels que le degré de familiarité et la distance hiérarchique entre les interlocuteurs influencent les choix et variations des stratégies de refus opérés de part et d'autre. Mais avant cela, nous rappelons quelques caractéristiques des données utilisées à cet effet.

Nous avons présenté trois situations de communication aux répondants. Nous avons demandé à ces derniers de décliner l'invitation à une fête organisée par un(e) ami(e) (situation 1), l'invitation à aller prendre un pot avec un(e) camarade de classe qu'on ne connait pas bien (situation 2) et l'invitation à assister à une conférence donnée par le/la collègue d'un(e) professeur(e) (situation 3). Les 39 répondants des deux groupes ont produit au total 117 réponses aux tâches communicatives présentées dans les trois situations : il y a 60 réponses proposées par les Camerounais et 57 réponses produites par les Français. Ces exemples ont été analysés selon les critères présentés au chapitre consacré aux questions méthodologiques. Nous commençons par la distribution des types d'actes employés par les répondants (section 2) avant de présenter les différentes stratégies de refus utilisées dans les deux groupes (section 3).

4.2. Les types d'actes employés

Les actes attestés dans le corpus sont répartis dans deux catégories majeures, notamment les actes centraux et les actes subordonnés. Les actes centraux se subdivisent en actes centraux directs ou refus directs et actes centraux indirects ou refus indirects (voir tableau 1).

Tableau 1. Distribution des actes centraux et actes subordonnés
dans les deux variétés du français

		France		Cameroun	
		N	%	N	%
Actes centraux	Refus directs	37	26.2%	37	21%
	Refus indirects	71	50.4%	98	55.7%
Actes subordonnés		33	23.4%	41	23.3%
Total		**141**	**100%**	**176**	**100%**

Comme le Tableau 1 l'indique, les Camerounais ont produit plus de stratégies que les Français : nous dénombrons notamment 176 occurrences camerounaises et 141 exemples français. Dans les deux groupes, les actes centraux sont nettement plus nombreux que les actes subordonnés. En ce qui concerne l'emploi des actes centraux, on observe que les participants des deux pays préfèrent majoritairement les refus indirects ; lesquels représentent 55.7% des exemples camerounais et 50.4% des exemples français. Autrement dit, les répondants français sont plus directs que leurs homologues camerounais dans l'actualisation des refus d'invitations.

Notre intérêt s'est aussi porté sur la fréquence des types d'actes employés dans les trois situations de l'enquête. Le Tableau 2 résume les résultats de cette analyse.

Tableau 2. Distribution situationnelle des stratégies de refus dans les deux variétés du français

	Actes centraux				Actes subordonnés	
	Refus directs		Refus indirects			
	FC	FF	FC	FF	FC	FF
S1-Ami(e)	15 (40.5%)	13 (35.1%)	25 (25.5%)	25 (35.2%)	16 (39%)	10 (30.3%)
S2-Camarade de classe	7 (18.9%)	10 (27.1%)	42 (42.9%)	28 (39.4%)	13 (31.7%)	6 (18.2%)
S3-Professeur(e)	15 (40.5%)	14 (37.8%)	31 (31.6%)	18 (25.4%)	12 (29.3%)	17 (51.5%)
Total	37 (100%)	37 (100%)	98 (100%)	71 (100%)	41 (100%)	33 (100%)

Le tableau 2 laisse apparaitre quelques similitudes et différences concernant les choix des répondants des deux groupes. On s'aperçoit par exemple que la fréquence des refus directs utilisés par les Camerounais est la même lorsque ceux-ci s'adressent à leurs amis et leurs professeurs. En revanche, la distribution des refus directs chez les Français est légèrement différente dans les trois situations. Le Tableau 2 indique aussi que les répondants des deux espaces recourent beaucoup plus aux refus indirects envers les camarades de classe (Cameroun : 42.9% et France : 39.4%). Outre cela, on note que les actes subordonnés sont beaucoup plus employés par les Camerounais envers leurs amis, alors que les répondants français utilisent les actes subordonnés beaucoup plus envers leurs professeurs.

Globalement, les analyses révèlent que les Camerounais et Français interrogés n'opèrent pas toujours les mêmes choix en termes de fréquence et variation stylistique des actes centraux et actes subordonnés. Qu'en est-il alors des différentes stratégies de formulation du refus recensées ? Les analyses dans la section qui suit apportent quelques éléments de réponse à cette question.

4.3. Les types de formulations

La section 3.1 est consacrée aux refus directs, la section 3.2 analyse les types de refus indirects. Dans la section 3.3, on présentera les procédés d'atténuation et d'amplification, notamment les actes subordonnés (section 3.3.1) et les procédés internes (section 4.3.2). La section 3.4 est consacrée aux types et fonctions des formes d'adresse attestées dans les énoncés de refus.

4.3.1. Les refus directs

Pour refuser les invitations de manière directe, les répondants des deux espaces francophones recourent à quatre types de refus directs ou stratégies directes : ils se servent des énoncés performatifs, des formules du type « non », des expressions de l'impossibilité d'accepter l'invitation et des expressions du manque d'intérêt par rapport à l'invitation. Les fréquences de ces quatre stratégies directes dans les deux variétés du français sont présentées dans le Tableau 3.

Tableau 3. Distribution des refus directs dans les deux variétés du français

Type de refus direct	Cameroun		France	
	N	%	N	%
Performatif	-	-	1	2.7%
Incapacité/Impossibilité	34	91.9%	34	91.9%
Non	2	5.4%	2	5.4%
Manque d'intérêt	1	2.7%	-	-
Total	**37**	**100%**	**37**	**100%**

On observe globalement que les participants des deux pays ont une très forte préférence pour la stratégie directe qui consiste à évoquer l'impossibilité d'accepter l'invitation (Cameroun : 91.9% ; France : 91.9%). Du point de vue de la réalisation linguistique, l'analyse révèle que cette stratégie directe se réalise de diverses manières dans les deux variétés du français. Dans la plupart des cas, les locuteurs recourent à la formule « *je ne peux pas* » et on observe que cette formule peut subir diverses modifications moyennant l'ajout des phrases contenant les verbes et locutions verbales comme *« venir »*, *« être présent/être là »*, *« assister à/prendre part à »*, *« honorer ton/votre/ cette invitation »*. Dans les énoncés attestés, le verbe *« pouvoir »* peut s'employer au présent, au futur ou au conditionnel. Il faudrait aussi préciser que les quatre types de refus directs utilisés par les Français et les Camerounais sont généralement accompagnés d'autres actes, comme le montrent les exemples ci-dessous (les refus directs sont en **gras**).

1) Je suis sincèrement désolé **parce que je ne pourrai pas venir**, j'aurai un empêchement. (FC-I-AM)
2) C'est dommage **je ne pourrai pas être présent**, pourriez-vous m'adresser une synthèse de la conférence ? (FF-I-PROF)
3) **Mademoiselle je ne pense pas que je puisse prendre part à ta fête** en défaut du temps. (FC-I-AM)
4) Oh cela me plairait bien, mais hélas **je ne peux pas honorer ton invitation**. (FC-I-AM)

Dans l'exemple (1), le refus direct (l'expression de l'impossibilité d'honorer l'invitation) est précédé d'une excuse (« *je suis sincèrement désolé* ») et suivi d'une justification (« *j'aurai un empêchement* »). En (2), le refus direct est précédé d'un regret (« *c'est dommage* ») et suivi d'une demande, celle de faire parvenir un résumé de ladite conférence au locuteur (« *pourriez-vous m'adresser une synthèse de la conférence* »). En (3), le refus direct est suivi d'une justification. Dans l'exemple (4), le refus direct est précédé d'une expression de donne foi (« *cela me plairait bien, mais* »). Dans les quatre exemples cités *supra*, les actes associés aux refus directs servent à accomplir une activité d'atténuation de l'acte menaçant que constitue le refus direct. Certains répondants camerounais utilisent des énoncés tels que « *c'est impossible (pour moi de)*», « *je ne serai/serais pas disponible* », « *il me sera difficile de* », tel qu'en (5). Cependant, le taux d'emploi de ces types d'énoncés est nettement plus bas que celui des variantes du type « *je ne peux pas* ».

5) S'il vous plaît je vous prie d'être compréhensif. **Il me sera difficile d'être présent à cette conférence**. (FC-I-AM)

Le Tableau 3 indique aussi que la formule « non » est attestée deux fois dans chacune des deux variétés du français. Il faut ajouter que le « non » dans les exemples camerounais et français n'apparaît pas seul ; il est accompagné des refus indirects et des actes subordonnés, tel que montré en (6) et (7). En (6), le « *non* » est suivi d'un remerciement « merci » (acte subordonné), d'une justification « je n'ai pas soif » et d'une promesse d'accepter l'invitation la prochaine fois « *peut-être une prochaine fois* ». En (7), le « non » est accompagné d'une excuse « désolé » et d'un autre refus direct « *je peux pas* ».

6) **Non** merci je n'ai pas soif, peut-être une prochaine fois. (FC-I-CAM)
7) Non désolé je peux pas. (FF-I-AM)

L'unique énoncé performatif attesté dans le corpus est présenté en gras dans l'exemple (8). Il a été employé par un répondant français pour repousser l'invitation à la fête organisée par son ami. Comme cet exemple le montre, la force illocutoire de la formule performative est atténuée de diverses manières : (1) moyennant l'emploi du verbe de modalité « *devoir* » qui permet au locuteur de présenter le refus comme un acte dicté par des circonstances indépendantes de sa volonté ; (2) l'énoncé performatif est précédé d'une expression de bonne volonté « *ça aurait été avec plaisir* » qui permet de relever que l'intéressé aurait accepté l'invitation si les circonstances avaient été favorables ; (3) l'énoncé performatif est suivie d'une expression de gratitude « *merci tout de même* » ; ces deux actes ont pour la fonction d'adoucir la formule explicite performative (« *je dois décliner l'invitation* »).

8) Ça aurait été avec plaisir, mais **je dois décliner l'invitation**, merci tout de même ! (FF-I-AM)

Pour ce qui est de la répartition des refus directs dans les trois situations, on peut retenir que les expressions d'impossibilité d'accepter l'invitation présentent les mêmes taux d'emploi dans les trois situations et dans les deux variétés du français. L'analyse a aussi fait ressortir plusieurs différences et similitudes dans les choix des Français et Camerounais en ce qui concerne les refus indirects.

4.3.2. Les refus indirects

Tout d'abord, il ressort de notre analyse que les répondants camerounais ont produit 98 refus indirects, représentant 55.7% de tous leurs exemples, tandis que leurs homologues français ont utilisé 71 refus indirects, soit 50.3% de toutes leurs réponses. Par ailleurs, les locuteurs des deux variétés du français recourent à divers types d'actes de langage pour exprimer leurs refus indirectement. Pour ce qui des types d'actes utilisés comme refus indirects et leurs taux d'emploi, les choix des Camerounais et des Français présentent quelques similitudes et différences (voir Tableau 4).

Tableau 4. Distribution des refus indirects dans les deux variétés du français

Type de refus indirect	Cameroun		France	
	N	%	N	%
Justification/ Explication	45	45.9%	28	39.4%
Excuse / Regret	31	31.6%	30	42.3%
Promesse	12	12.2%	7	9.8%
Vœu	1	1%	-	-
Suggestion	5	5.2%	6	8.5%
Principe	3	3.1%	-	-
Dissuasion	1	1%	-	-
Total	98	100%	71	100%

Comme l'indique le Tableau 4, les répondants camerounais ont recouru à sept types d'actes de langage pour refuser les invitations de leurs interlocuteurs, notamment *la justification/l'explication, l'excuse/le regret, la promesse, la suggestion d'une alternative, l'allusion à un principe* et *la dissuasion*. Les locuteurs du français de France, par contre, ont font appel à quatre actes différents, à savoir *la justification/l'explication, l'excuse/le regret, la promesse* et *la suggestion d'une alternative*.

Les actes les plus fréquents dans les deux variétés du français, notamment la justification et l'excuse, représentent plus de 77% des refus indirects employés respectivement par les Camerounais et les Français. Il existe, cependant, une différence concernant l'ordre de préférence des deux actes dans les deux espaces. Alors que les justifications sont, avec 45.9%, le type de refus indirect préféré des Camerounais, on observe que ce sont plutôt les excuses et regrets qui sont, avec 42.3%, le type de refus indirect préféré des Français. Inversement, les excuses viennent, avec un taux d'emploi de 31.6%, en deuxième position dans les exemples camerounais, tandis que les justifications sont, avec une fréquence de 39.4%, en deuxième position dans les exemples français. D'une manière générale donc, les Camerounais se justifient nettement plus que les Français (Cameroun : 45 exemples sur 98 soi 45.9% vs. France : 28 occurrences sur 71 soit 39.4%) et les répondants des deux espaces francophones produisent sensiblement le même nombre d'excuses et de regrets lorsqu'ils repoussent les invitations. La distribution des promesses, le troisième type de refus indirect le plus employé, diverge dans les deux groupes. Comme le Tableau 4 le montre, les Camerounais emploient les promesses beaucoup plus que leurs homologues français (Cameroun : 12 exemples sur 98 soit 12.2% vs. France : 7 occurrences sur 71 soit 9.8%). Les autres types de refus indirects ont des fréquences relativement basses dans les deux variétés du français.

Nous nous sommes aussi penché sur les fréquences des trois stratégies indirectes préférées, notamment les justifications, les excuses et les promesses, dans les trois situations. Le Tableau 5 résume les choix effectués par les Camerounais et les Français.

Tableau 3. Distribution situationnelle des trois refus indirects les plus fréquents

	S1-Ami(e)		S2-Camarade de classe		S3-Professeur(e)	
	FC (n = 25)	FF (n = 25)	FC (n = 42)	FF (n = 28)	FC (n = 31)	FF (n = 18)
Justification	11 (44%)	8 (32%)	17 (42.5%)	12 (42.9%)	17 (54.8%)	8 (44.4%)
Excuse	11 (44%)	12 (48%)	7 (16.7%)	8 (28.6%)	13 (41.9%)	10 (55.6%)
Promesse	2 (8%)	4 (16%)	9 (21.4%)	3 (10.7%)	1 (3.2%)	-

Le Tableau 5 indique que les répondants camerounais utilisent plus de justifications que les Français envers leurs amis (Cameroun : 44%[1] vs. France : 32%), et leurs professeurs (Cameroun : 54.8% vs. France : 44.4%). Alors que les Français s'excusent beaucoup plus

---

[1] Les pourcentages sont calculés par rapport au nombre total de refus indirects par situation.

lorsqu'ils s'adressent à leurs professeurs, les Camerounais utilisent les excuses beaucoup plus à l'égard de leurs amis. Finalement, les promesses chez les Camerounais sont plus récurrentes, lorsque ces derniers déclinent les invitations des camarades de classe, tandis que les Français font beaucoup plus de promesses à leurs amis.

Au-delà des considérations quantitatives que nous venons d'exposer, nous avons aussi examiné les types de refus indirects ou stratégies indirectes par rapport à leurs fonctions et leurs formes de réalisation dans les deux variétés du français. La section qui suit est consacrée aux résultats de l'analyse effectuée à cet effet. L'ordre de présentation va des stratégies les plus fréquentes aux moins fréquentes stratégies.

4.3.2.1. Les justifications et explications

Du point de vue du contenu, il faut retenir que les répondants des deux espaces ont produit des justifications générales et spécifiques ; lesquelles peuvent s'employer solitairement, tel qu'en (9). Mais ce cas de figure n'est pas fréquent dans les exemples camerounais et français. Les justifications sont généralement accompagnées d'autres actes, comme le montre l'exemple (10). Dans cet exemple, la justification « *cette journée est déjà prise par mes parents* » est précédée de l'expression de gratitude « *cher ami merci pour l'invitation* » qui adoucit le refus indirect. La justification est suivie d'une excuse (« *excuse-moi* ») et d'une annonce (« *je n'y serai pas* »). Si l'excuse sert à réduire l'impact négatif du refus indirect, l'annonce à la fin de cet exemple est une autre justification assortie d'une fonction de reprise et d'explicitation de la première justification.

9) Je n'ai pas le temps. (FF-I-CAM)
10) Cher ami merci pour l'invitation mais **cette journée est déjà prise par mes parents**, excuse-moi je n'y serai pas. (FC-I-AM)

En analysant dans le détail les justifications énoncées par les répondants, nous avons relevé quelques différences et similitudes entre les deux groupes en ce qui concerne les contenus, la variation selon le type de situation interactionnelle et les formes de réalisation des justifications attestées. Nous commençons par les justifications faites envers les amis.

Les justifications adressées aux amis

Les choix des Camerounais

Nos analyses révèlent que des 11 justifications énoncées par les répondants camerounais, 6 évoquent le fait que les locuteurs ne pourront pas honorer l'invitation parce qu'ils seront en déplacement. Il s'agit des énoncés suivants : « *je crains de ne pas être dans la ville à ce moment* », « *mais malheureusement je ne serai pas dans la ville* », « *j'ai un déplacement à effectuer ce samedi* », « *je ne serai pas là* ». Précisons ici que, dans le dernier énoncé cité, le terme « *là* » peut renvoyer aussi bien à la fête qu'à un espace géographique plus large où se déroule l'interaction (la ville). Ainsi, « *je ne serai pas là* » pourrait se gloser comme « *je ne serai pas présent à cette fête parce que je ne serai dans la ville* ». L'analyse a aussi permis d'identifier six cas où les locuteurs camerounais indiquent, entre autres, qu'ils ont autre chose à faire ce jour-là (« *parce que ce jour exactement j'ai autre chose de prévu déjà* », « *j'ai eu un empêchement de dernière minute* », « *j'aurai un empêchement* »), qu'ils sont occupés (« *c'est juste que je serai prise* », « *Je suis assez occupé* », « *je serai très occupé samedi prochain* »). À cela s'ajoutent deux exemples où les répondants évoquent des engagements familiaux comme raisons de leurs refus. Ils recourent à cet effet aux énoncés suivants : « *cette journée est déjà prise par mes parents* » et « *j'ai déjà pris des engagements familiaux qui ne me permettent pas de me libérer ce week-end-là* ». Nous avons aussi relevé un exemple où l'invitation est indirectement qualifiée d'inopportune (« *ça tombe mal* ») et deux cas où les informateurs camerounais évoquent des raisons académiques et le manque de temps pour justifier le refus de l'invitation faite par leurs amis.

Les choix des Français

De l'analyse des exemples français, on peut aussi dégager différents types de raisons. Sur les huit justifications attestées, trois indiquent que le refus se justifie par le fait que les locuteurs sont déjà engagés ailleurs, comme le montrent les énoncés suivants : « *j'ai déjà un engagement* », « *J'ai une autre invitation* », « *j'ai promis à un autre ami d'aller à sa soirée et il y a longtemps déjà* ». On relève cinq cas où les Français interrogés disent qu'ils sont occupés ou empêchés ou qu'ils auront autre chose à faire : « *j'ai trop de choses à faire en ce moment* », « *J'ai un empêchement* », « *je ne serai pas là* », « *je suis déjà occupée* », « *J'ai déjà un truc de prévu pour ce soir-là* ».

Les justifications destinées aux camarades de classe

Les justifications formulées lorsque les répondants repoussent l'invitation de leurs camarades de classe à prendre un pot après les cours présentent les caractéristiques suivantes.

Les choix des Camerounais

Sur les 17 justifications produites par les Camerounais, il y a huit occurrences employées pour indiquer que les locuteurs ne peuvent pas accepter l'invitation parce qu'ils sont très occupés. Les énoncés réalisés à cet effet sont les suivants : « *je suis tellement prise* », « *j'ai plein de devoirs à faire pour l'instant* », « *j'ai des choses à faire maintenant* », « *j'ai d'autres choses à faire* », « *j'ai des choses urgentes à régler maintenant* », « *après les cours je suis super prise ailleurs* », « *j'ai un autre rendez-vous à honorer* ». Dans d'autres cas, les locuteurs signalent que l'invitation n'est pas opportune, moyennant des énoncés comme « *ça tombe très mal* », « *ton invitation me prend au dépourvu* ». Le manque de temps est un autre type de justification employé par les Camerounais. Dans ce cas précis, le manque de temps est exprimé de manière explicite (« *je n'ai pas assez de temps* », « *je n'ai pas de temps aujourd'hui* ») ou implicite (« *mon agenda est saturé* »). Mentionnons aussi les cas où certains locuteurs camerounais indiquent que la condition de base pour une telle invitation n'est pas remplie (« *je n'ai pas soif* »), font allusion à un autre rendez-vous qu'ils se doivent d'honorer (« *je dois rencontrer quelqu'un* », « *j'ai rendez-vous avec des amis au campus* », « *j'ai un rendez-vous urgent à honorer* ») ou évoquent la fatigue comme la raison de leur indisponibilité (« *je suis fatigué et je dois rentrer me reposer* »).

Les choix des Français

Il ressort des analyses que sur les 12 justifications françaises, il y a six dans lesquelles les répondants font allusion, entre autres, aux devoirs qu'ils ont/auront à faire : « *j'ai trop de devoirs ce soir* », « *j'ai pas mal de choses à faire ce soir* », « *je dois faire autre chose* », « *j'ai un truc à faire à ce moment* », « *j'ai autre chose de prévu* », « *je suis occupée* ». Outre cela, il y a trois cas où les informateurs français évoquent le manque de temps, comme l'illustrent les énoncés suivants : « *je n'ai pas le temps* », « *je n'ai pas le temps aujourd'hui* », « *Je n'ai pas le temps là tout de suite* ». Signalons aussi que Trois Français se justifient en faisant allusion à leurs obligations ou activités familiales : « *je dois rentrer chez moi tout de suite mes parents m'attendent* », « *je dois diner avec mes parents* », « *ma mère veut que je rentre chez moi directement* ».

Les justifications adressées aux professeurs

Les choix des Camerounais

L'analyse a permis de constater que, face à leurs professeurs, les Camerounais se justifient en indiquant majoritairement (13 exemples sur 17) qu'ils ont d'autres engagements (« *J'avais déjà un programme* », « *Je suis prise par mon travail* », « *À ce moment-là je serai retenue par d'autres engagements* », « *Compte tenu de mes multiples occupations* »), qu'ils sont très occupés ou n'ont pas assez de temps (« *J'ai trop à faire* », « *Je n'ai pas assez de temps* », « *Je suis trop prise* »), qu'ils ont/auront un empêchement (« *Je serai empêchée* », « *J'ai un empêchement vraiment urgent* », « *J'aurai un empêchement ce jour-là* », « *À cause d'un empêchement* »). En dehors de ces cas de figure, on a identifié des justifications dans lesquelles les répondants camerounais font allusion à leur état de santé (« *pour des raisons de santé* »), aux obligations familiales (« *des obligations familiales me contraignent à m'absenter* ») au travail académique (« *il me faut à tout prix boucler mon travail de recherche* »). Il y a un cas où le locuteur indique que le refus ne dépend pas de lui, même si la raison n'est pas explicitée (« *pour des raisons qui ne dépendent pas de moi* »).

Les choix des Français

Chez les répondants français on observe des choix plus ou moins similaires à ceux des Camerounais. C'est ainsi que nous avons constaté que cinq répondants français évoquent aussi des empêchements (« *J'ai un empêchement* », « *J'ai un empêchement* », « *J'ai des impératifs* ») et d'autres choses à faire (« *J'ai déjà des projets* », « *J'ai quelque chose à faire ce jour-là* ») pour refuser l'invitation de leurs professeurs. Il y a deux occurrences où les Français évoquent un rendez-vous important qui aura lieu le jour de la conférence (« *Ce jour-là j'ai un rendez-vous important que je ne peux absolument pas rater* », « *J'ai un rendez-vous important ce jour-là* »). Un locuteur a préféré une stratégie de justification consistant à souligner le caractère inopportun de l'invitation, moyennant l'énoncé « *cela tombe très mal* ».

4.3.2.2. Les excuses et regrets

Même si les excuses et regrets sont considérés comme des refus indirects, il est nécessaire de préciser que, dans notre corpus, cette stratégie indirecte est toujours actualisée dans le cadre de macro-actes où elle accompagne et/ou est accompagnée d'autres actes. Lorsque les excuses et regrets apparaissent au début de l'intervention communicative (quand ils sont antéposés), ils fonctionnent simultanément comme des annonceurs et adoucisseurs. En position intermédiaire ou finale, par contre, les excuses et regrets fonctionnent comme des adoucisseurs. L'emploi des excuses comme actes annonceurs s'effectue différemment dans les deux groupes. Les Français utilisent les excuses antéposées beaucoup plus que les Camerounais (France : 76.7%, i.e. 23 exemples sur 30, Cameroun : 61.3%, i.e. 19 occurrences sur 31). Les répondants des deux espaces francophones présentent quelques divergences en ce qui concerne les réalisations linguistiques des excuses et regrets et leur distribution dans les trois situations.

Les choix des Camerounais

On observe que sur les 31 énoncés employés par les répondants camerounais, 11 (35.5%) excuses sont employées envers leurs amis, 7 (22.4%) excuses sont adressées aux camarades de classe et 13 (42%) excuses sont destinées aux professeurs. S'agissant des réalisations linguistiques des excuses, les répondants camerounais recourent aux formes suivantes. Il y a 7 (22.4%) excuses exprimées moyennant des structures elliptiques de la variante « *désolé* ». Celle-ci peut s'employer seule (« *désolé* ») ou être associée à une forme nominale d'adresse (« *désolé ma puce/mon pote/cher ami* ») ou à un adverbe (« *encore/vraiment désolé* »). Il y a 8 (25.8%) excuses de la variante « *je suis désolé* » ; laquelle peut être renforcée au moyen d'autres éléments comme les adverbes d'intensité « *vraiment* » et « *sincèrement* » (« *je suis vraiment/sincèrement désolé* »), tel qu'en (11) et/ou les formes nominales d'adresse (« *je suis désolé monsieur* », « *je suis sincèrement/vraiment désolé monsieur* »), tel qu'en (12). Nous avons aussi relevé 6 (19.4%) énoncés de la variante contenant le terme « *excuse* », laquelle peut emprunter diverses formes comme le montrent les exemples ci-après : « *mes excuses* », « *excuse-moi ma sœur* », « *excusez-moi monsieur* », « *excusez-moi* », « *veillez m'excuser monsieur* ». Certains locuteurs emploient les énoncés comme « *ne t'énerve pas* », « *ne le prend pas mal* », « *tu ne m'en veux pas quand même* », tel qu'en (13) et (14), tandis que d'autres préfèrent les énoncés « *pardon Monsieur* », « *s'il vous plaît* », « *s'il vous plaît madame* ». Il y a une excuse exprimée sous forme d'expression de la déception (« *je suis moi-même très déçue de* »), comme en (15) et une autre excuse énoncée sous forme d'appel à la compréhension (« *je vous prie d'être compréhensif* »).

> 11) **Ah je suis vraiment désolée** ce jour-là j'ai un rendez-vous important que je ne peux absolument pas rater, mais je vous remercie quand même. (FF-I-PROF)
>
> 12) **Excuse-moi ma sœur** mais mon agenda est saturé, une autre fois peut-être. (FC-I-CAM)
>
> 13) J'aurais vraiment voulu y participer mais je ne peux pas. **Tu ne m'en veux pas quand même.** (FC-I-AM)
>
> 14) **Désolé mon pote**, je ne pourrais pas honorer cette invitation car j'ai un déplacement à effectuer ce samedi. **Ne t'énerve pas.** (FC-I-AM)
>
> 15) **Je suis moi-même très déçue** de ne pouvoir assister à cette fête. (FC-I-AM)

Mentionnons aussi l'emploi d'une expression du regret, notamment « *monsieur j'ai le regret de vous annoncer que* ». En général, les excuses ou regrets peuvent précéder les refus directs et les refus indirects. Il y a aussi des cas où plusieurs excuses et regrets apparaissent dans une même intervention, tel qu'illustré en (16).

> 16) Merci madame pour l'information, ça m'aurait vraiment aidé mais **je suis désolé madame** de ne pas pouvoir y être, **vraiment désolé**. (FC-I-PROF)

Les choix des Français

Des 30 excuses énoncées par les Français, 12 (40%) sont destinées aux amis, 8 (26.67) excuses sont adressées aux camarades de classe et 10 (33.3%) excuses sont destinées aux professeurs. Au niveau des réalisations, on note que 12 (40%) énoncés sont des excuses du type *« je suis désolé/navré* ». Elles peuvent être renforcées moyennant des adverbes d'intensité (« *Je suis trop désolé* », « *Je suis vraiment désolé* »), des interjections (« *Ah je suis vraiment désolée* »). Il y a aussi 11 (36.7%) excuses du type « *désolé* ». Nous avons aussi relevé cinq (16.7%) expressions de regret, dont deux contenant le terme « dommage » (« *Oh, c'est dommage* »), deux occurrences avec le verbe *« regretter »* (« *Je (le) regrette* ») et l'expression « *je suis trop dégouté de* ». A cela s'ajoutent l'expression de déception « *je suis vraiment déçue de ne pas* » et l'énoncé « *veuillez m'excuser* ».

4.3.2.3. Les promesses

La promesse est le troisième type de refus indirect préféré des Camerounais et Français. Cet acte est généralement réalisé après la justification. En faisant une promesse, le locuteur indique que son refus est temporaire et que l'interlocuteur peut s'attendre à une réponse positive une autre fois ; une telle stratégie permet d'atténuer le refus et de préserver l'harmonie sociale.

Les choix des Camerounais

L'analyse montre que certains Camerounais préfèrent des promesses moins contraignantes, c'est-à-dire celles qui leur donnent une certaine marge de manœuvre par rapport à l'exécution de l'action promise. Ils emploient à cet effet l'énoncé « *la prochaine fois peut-être* », tel qu'en (17).

>   17) Ça m'aurait bien fait plaisir mais après les cours je suis super prise ailleurs. **La prochaine fois peut-être.** (FC-I-CAM)

D'autres locuteurs camerounais préfèrent manifester leur engagement par rapport aux promesses faites, moyennant divers procédés d'intensification. A cet effet, ils utilisent la formule explicite performative « *je te promets que* », tel qu'en (18). Dans cet exemple, le locuteur veut rassurer son ami(e) que sa réponse sera positive la prochaine fois et préserver leur relation proche.

>   18) Oh cela me plairait bien, mais hélas je ne peux pas honorer ton invitation. **Je te promets que je suis là la prochaine** fois ok ? (FC-I-AM)

Les exemples nous montrent aussi des cas où les répondants font appel à la tournure introductive « *soyez sûr que* », tel qu'en (19) et à la formule « *je ferai tout pour* », tel qu'en (20). Dans les deux exemples, ces procédés sont destinés à préserver la bonne relation entre l'étudiant et son enseignant : le premier se construit l'image d'une personne engagée (en dépit du refus) et espère que son interlocuteur en position haute ne sera pas offensé par le refus exprimé.

19) Pardon Monsieur puisque j'avais déjà un programme je ne pourrai pas être avec vous car j'ai trop à faire. **Soyez sûr qu'à** la prochaine je participerai. (FC-I-PROF)

20) Je ne pense pas pouvoir être là. J'ai un empêchement vraiment urgent **Mais je ferai tout pour obtenir quelques notes de la conférence.** (FC-I-PROF)

Un autre procédé d'intensification identifié dans les exemples camerounais est celui qui consiste à employer le verbe au futur simple, tel qu'en (21), où le verbe « *prendre* » au futur est convoqué par le locuteur pour indiquer à son camarade de classe que la promesse de prendre le pot la prochaine fois sera bel et bien respectée. Il en va aussi pour l'énoncé « *ça sera pour la prochaine fois* », dans l'exemple (22). Dans cet exemple, l'énoncé de promesse est polyfonctionnel : il sert à refuser l'invitation indirectement et à rassurer l'interlocuteur que son indisponibilité actuelle n'exclut pas le fait qu'il soit disponible la prochaine fois.

21) Mes excuses. Je dois rencontrer quelqu'un. **On prendra le pot la prochaine fois.** (FC-I-CAM)

22) **Ça sera pour la prochaine**, j'ai plein de devoirs à faire pour l'instant, merci d'avance. (FC-I-CAM)

Les choix des Français

Le répertoire des promesses formulées par les Français est légèrement différent de celui des Camerounais. En général, les Français recourent aux énoncés comme « *la prochaine fois* », et « *je viendrai la prochaine fois* », « *on rattrapera ça* », comme l'illustrent les exemples ci-dessous.

23) J'ai déjà un truc de prévu pour ce soir-là, **je viendrai à la prochaine!** (FF-I-AM)

24) Désolé je peux pas j'ai un truc de prévu ce soir-là, **mais la prochaine fois promis!** (FF-I-AM)

25) J'ai un empêchement. **Mais on rattrapera ça très vite.** (FF-I-AM)

4.3.2.4. Les suggestions

Ce type de refus indirect consiste à proposer une solution alternative tout en indiquant implicitement que l'allocutaire devrait s'attendre à une réponse favorable du locuteur si ce dernier approuve l'action suggérée par le premier. L'analyse révèle des différences entre les deux groupes en ce qui concerne les réalisations des suggestions.

Les choix des Français

Les répondants français emploient des énoncés tels que « *on remettra ça* », « *une autre fois* », « *ce n'est que partie remise* », « *on pourra refaire une soirée ensemble plus tard* », etc. On note dans les exemples attestés le recours aux formules impersonnelles, comme le montrent les exemples (26), (27) et (28).

> 26) Je n'ai pas le temps là tout de suite mais **demain ou ce week-end si vous voulez on peut s'organiser ça**. (FF-I-CAM)
>
> 27) Je ne peux vraiment pas **mais ce n'est que partie remise**! (FF-I-AM)
>
> 28) C'est gentil, mais j'ai pas mal de choses à faire ce soir, je ne peux pas maintenant. **Mais ce n'est que partie remise**! (FF-I-CAM)

Les choix des Camerounais

Les locuteurs du français du Cameroun recourent aux structures telles que « *une autre fois peut-être* », « *remettons à une autre fois* », « *c'est mieux prochainement* », « *ce sera pour une autre fois* », « *on va devoir remettre ça à une autre fois* », « *remettons cela à plus tard* ». Les exemples (29) et (30) illustrent quelques suggestions faites par les Camerounais. Dans la plupart des cas, les suggestions apparaissent avant ou après une justification et elles peuvent aussi accompagner un refus direct.

> 29) **Ça sera pour la prochaine**, j'ai plein de devoirs à faire pour l'instant, merci d'avance. (FC-I-CAM)
>
> 30) Merci, mais je n'ai pas assez de temps. **C'est mieux prochainement si vous ne trouvez aucun inconvénient.** (FC-I-CAM)

4.3.2.5. Les allusions aux principes

Précisons tout d'abord que cette stratégie indirecte n'a été utilisée que par les répondants camerounais. A cela s'ajoute le fait que les allusions aux principes identifiées dans les productions camerounaises sont actualisées pour refuser indirectement les invitations à prendre un pot après les cours. En utilisant cette stratégie, le locuteur fait référence à un principe qui l'empêcherait d'accepter l'invitation qui lui est faite. De ce point de vue, ce type de refus peut aussi s'interpréter comme une forme de justification. Toutefois, la différence réside dans le fait qu'avec l'évocation d'un principe le locuteur présente son refus comme un corolaire direct de certains principes ou certaines habitudes. L'allusion au principe peut s'employer solitairement, tel qu'en (31). Elle peut aussi être associée à d'autres types d'actes de langage, comme le montre (32). On constate qu'en (31) le locuteur évoque deux principes, à savoir « aller rester dans des bistros » et « consommer de l'alcool ».

> 31) Aller rester dans des bistros n'est pas mon affaire et surtout je n'aime pas l'alcool. (FC-I-CAM)
> 32) Je ne peux pas prendre un pot avec vous camarade. **Je ne suis pas habitué à prendre un pot avec les étrangers.** Je suis vraiment désolé. **N'insistez pas.** (FC-I-CAM)

4.3.2.6. Les autres types de refus indirects

Les autres types de refus indirects attestés sont l'acte de dissuasion et l'expression des vœux. Ils sont utilisés uniquement par les Camerounais. Le vœu est employé pour adoucir un refus indirect, une justification plus précisément, tel qu'en (33). En formulant ce vœu, l'énonciateur de cet exemple tente de montrer qu'il aimerait vraiment assister à la fête de son ami et, puisque les circonstances actuelles ne lui permettent pas d'honorer l'invitation, il souhaiterait que ladite soit reportée. Le vœu peut ainsi être interprété comme une demande de report de la fête.

> 33) Si seulement tu pouvais la renvoyer (...). Je serai très occupé samedi prochain. (FC-I-AM)

La dissuasion est réalisée moyennant l'expression « *n'insistez pas* », tel qu'en (32) et cet acte y est utilisé pour renforcer l'allusion au principe. Dans cet extrait, le locuteur voudrait amener le destinataire à renoncer à son invitation d'autant plus que la personne invitée n'entend pas renoncer à son principe, la raison du refus.

L'analyse dans cette section montre que les répondants des deux groupes font appel à plusieurs types d'actes de langage pour refuser indirectement les invitations qui leur sont faites. Leurs choix présentent quelques similitudes et différences en ce qui a trait aux types, fréquences et réalisations linguistiques des actes mobilisés. Dans un autre volet de l'étude, nous avons constaté que les refus directs et indirects sont modalisés, c'est-à-dire adoucis ou renforcés, moyennant l'ajout des actes subordonnés et l'emploi des procédés lexicaux et morphosyntaxiques. La section qui suit est consacrée à la présentation de ces procédés de modalisation d'intensité du refus.

4.4. L'adoucissement et l'amplification des refus

Il est à noter que l'activité de modalisation (d'atténuation et d'amplification) peut s'effectuer au moyen de procédés externes (actes subordonnés) et de procédés internes. Nous commençons par l'analyse des actes subordonnées.

4.4.1. Les actes subordonnés

Les actes subordonnés sont des actes qui apparaissent avant ou après les refus directs ou indirects. Ces actes ne peuvent pas être employés seuls pour refuser une invitation. Ceux attestés dans les deux variétés étudiées servent avant tout à adoucir les refus proprement dits. Le Tableau 6 présente la distribution de ces actes dans les deux variétés du français.

Tableau 6. Distribution des actes subordonnés dans les deux variétés du français

Type d'acte subordonné	Cameroun		France	
	N	%	N	%
Bonne foi	12	23.9%	12	36.4%
Gratitude	16	39%	5	15.2%
Demande / Question	4	9.8%	6	18.2%
Vœu / bon souhait	4	9.8%	-	-
Valorisation de l'invitation	3	7.3%	3	9.1%
Savoir partagé	1	2.4%	-	-
Salutation de clôture	-	-	2	6%
Déception	1	2.4%	3	9.1%
Exclamation	-	-	1	3%
Promesses	-	-	1	-
Total	41	100%	33	100%

Le Tableau 6 révèle que le taux d'emploi des actes subordonnés est légèrement plus élevé chez les Camerounais. Outre cela, on note que l'expression de la gratitude est, avec une fréquence de 39%, l'acte subordonné le plus fréquent chez les Camerounais, tandis que l'expression de bonne foi et, avec un taux d'emploi de 36.4%, l'acte subordonné préféré des répondants français. Ce résultat semble suggérer que pendant que la majorité des Camerounais estiment qu'il est important d'expression sa gratitude quand on refuse une invitation, les Français tendent plus à dire qu'ils auraient aimé donner une suite favorable aux invitations, même s'ils se voient obligés de refuser.

S'agissant de la fréquence des expressions de gratitude dans les deux groupes, les résultats obtenus suggèrent que cette stratégie est nettement plus utilisée par les Camerounais. En effet, le nombre des expressions de gratitude chez les Camerounais représente près de fois celui produit par les Français (Cameroun : 39% vs. France : 15.2%). Nous avons aussi constaté que les expressions de gratitude sont beaucoup plus actualisées par Camerounais lorsque ces derniers refusent les invitations faites par leurs camarades de classe. Chez les Français, par contre, l'acte subordonné le plus fréquent, à savoir l'expression de bonne foi, est employé avec sensiblement le même taux dans les trois situations. Il faut aussi noter que l'expression de bonne foi est le deuxième acte subordonné préféré des répondants camerounais. Les demandes et les requêtes sont aussi relativement plus fréquentes dans les exemples français (18.2%) que dans les exemples camerounais (9.8%). Mentionnons aussi que les actes subordonnés qui précèdent les refus directs et indirects, sont généralement suivis de la conjonction « mais », avec un taux d'emploi de 87.9% chez les Français et de 82.9% chez les Camerounais.

Après ces observations générales, il sera question, dans les sous-sections suivantes, de décrire de manière plus détaillée les différents actes employés comme actes subordonnés dans les deux groupes. L'analyse consistera à relever les différences et similitudes par rapport aux fonctions, réalisations et fréquences de ces actes. Nous commencerons par les expressions de bonne foi.

4.4.1.1. Les expressions de bonne foi

A travers cet acte, le locuteur indique au destinataire du refus que le premier aurait accepté l'invitation, si les conditions avaient été favorables. L'expression de bonne foi est, de ce point de vue, une stratégie visant à ménager la face de l'allocutaire que le refus risque de mettre en péril. Dans le corpus, cet acte précède généralement le refus proprement dit et assume de ce fait simultanément deux fonction : il sert de réparateur par anticipation et d'indicateur au destinataire qu'une réponse négative va suivre, tel qu'illustré en (34) et (35).

34) **J'aurais bien aimé assister à cette conférence mais** malheureusement je ne puis le faire à cause d'un empêchement. (FC-I-PROF)

35) **Ça aurait été avec plaisir, mais** je dois décliner l'invitation, merci tout de même! (FF-I-CAM)

Les choix des Camerounais

En ce qui concerne les réalisations linguistiques de cette stratégie, nous avons remarqué que les répondants camerounais utilisent beaucoup plus les énoncés du type « *j'aimerais bien, mais* » (58.3%) que ceux du type « *ça me plairait bien, mais* » (41.7%). Les énoncés du premier groupe que nous avons recensés sont les suivants : « *Ma copine j'aimerais bien être là mais* », « *J'aimerais ardemment venir, mais* », « *J'aurais vraiment voulu y participer mais* », « *J'aimerais vraiment être là monsieur mais* », « *J'aimerais bien pouvoir assister à cette conférence mais* », « *J'aurais bien aimé assister à cette conférence mais* ». Les énoncés du deuxième type s'articulent autour du verbe « *plaire* », comme dans les énoncés suivants : « *Ça me plairait vraiment d'assister à cette fête mais* », « *Oh cela me plairait bien, mais hélas* », et de la locution « *faire plaisir* », comme dans les énoncés suivants : « *Ça me ferait vraiment plaisir d'être des vôtres ce jour-là, mais* », « *Ça m'aurait bien fait plaisir mais* ».

Les choix des Français

Les répondants français recourent aussi aux énoncés du type « *ça aurait été avec plaisir, mais* » (58.3%) et du type « *j'aurais adoré/aimé/voulu, mais* » (41.7%). Les énoncés relevant du premier type sont plus diversifiés. Certains énoncés de ce type font allusion au « plaisir », comme dans les énoncés suivants : « *Ça aurait été avec (grand) plaisir, mais* », « *Ç'eut été avec plaisir de faire ta connaissance autour d'un verre, mais* ». D'autres énoncés font référence à la valeur de l'invitation, comme c'est le cas dans les énoncés suivants : « *Ça aurait été intéressant pour mon travail mais* », « *Ça aurait été une très bonne occasion mais* ». Les énoncés relevant du deuxième type sont les suivants : « *J'aurais trop aimé venir* », « *mais j'aurais adoré* », « *j'aurais adoré venir mais* », « *je voulais la faire ta fête* », « *J'aurais vraiment voulu assister à votre cours* »

On note donc quelques similarités par rapport au taux d'emploi des énoncés avec « *plaire/ plaisir* » et « *aimer/adorer/vouloir* » dans les deux variétés du français. Il y a cependant quelques différences en ce qui concerne les formats syntaxiques de ces énoncés. Outre cela, on constate que les expressions de bonne foi dans les exemples camerounais sont généralement antéposées aux refus proprement dits, c'est-à-dire qu'elles sont employées comme annonceurs de l'intention de refuser. Contrairement à cela, on observe que certaines expressions de bonne foi dans les exemples français sont postposées aux actes centraux, comme le montre l'exemple (36).

36) Je suis trop désolé mais je peux pas venir. **J'aurais trop aimé venir.** (FF-I-AM)

4.4.1.2. Les expressions de gratitude

L'analyse révèle quelques similarités en ce qui concerne le choix des expressions de gratitude du type « *merci pour* » et « *je te/vous remercie* » par les répondants des deux espaces francophones. Quelques différences sont à mentionner au niveau des énoncés du type « *c'est gentil/aimable (de ta part)* », qui sont plus employés par les Camerounais (25% chez les Camerounais contre 20% chez les Français). Cette différence pourrait être due au plus grand taux d'emploi des expressions de gratitude dans le corpus camerounais.

4.4.1.3. Les demandes et questions

Les résultats indiquent que les locuteurs du français de France utilisent beaucoup plus de demandes et questions que ceux du français du Cameroun (France : 18.2% vs. Cameroun : 9.8%). En utilisant ces deux types d'actes, le locuteur indique qu'en dépit du fait qu'il ne puisse pas être directement et physiquement impliqué dans les événements sociaux auxquels il est invité, il y éprouve un très grand intérêt et aimerait manifester cet intérêt de diverses manières. C'est ainsi qu'on peut constater que dans l'exemple (37), le répondant camerounais demande explicitement que l'allocutaire lui fasse un récit de la fête moyennant l'énoncé « *tu vas me raconter* » et lui rapporte quelque chose d'agréable, à l'aide de l'énoncé « *surtout garde moi de bonnes choses* ». A travers ces deux actes, l'énonciateur de cette intervention communicative vise à réduire l'impact négatif des deux refus précédents, à savoir « *Je ne pourrai pas être présente à ta fête* » et « *Je suis assez occupé* », et à préserver la relation amicale. Il faut souligner ici que la demande est précédée du vœu de réussite de la fête « *j'espère qu'elle se déroule bien* », un autre acte subordonné qui contribue à adoucir davantage les actes de refus actualisés.

37) Je ne pourrai pas être présente à ta fête. Je suis assez occupé, mais j'espère qu'elle se déroule bien. **Tu vas me raconter et surtout garde moi de bonnes choses.** (FC-I-AM)

Dans la situation où le professeur invite son étudiant à une conférence, les répondants français indiquent généralement qu'ils ne peuvent pas assister à ladite conférence tout en exprimant leur désir de faire quelque chose leur permettant de rattraper ce qu'ils auraient raté. Dans ce cas, le locuteur peut demander s'il est possible d'avoir un résumé de la conférence ou si c'est possible de rencontrer le conférencier/la conférencière une autre fois pour une discussion, tel qu'en (38). L'étudiant peut aussi décliner l'invitation de son professeur tout en indiquant qu'il désire vraiment profiter de la communication qui sera donnée. Et c'est justement pour cette raison qu'il voudrait rencontrer son professeur après ladite communication et en discuter avec lui, comme le montre (39). L'intention du locuteur dans cet exemple est d'exprimer le respect pour son enseignant tout en montrant son engagement ; ces deux attitudes servent en fin de compte à préserver la collaboration institutionnelle à venir. Comme les exemples (38) et (39) le montrent, les demandes et questions utilisées comme actes subordonnés apparaissent après les refus.

38) Je ne pourrai pas être là ce jour. Y'aurait-il un moyen de récupérer un compte rendu de cette conférence ? **Serait-il possible de rencontrer votre collègue ?** (FF-I-PROF)

39) Je ne peux pas y assister mais j'aimerais bénéficier des informations. **Pourrions-nous en parler après la conférence ?** (FF-I-PROF)

4.4.1.4. Les valorisations de l'invitation

On entend par discours valorisants les énoncés produits dans le but de relever quelques aspects positifs de l'invitation. En utilisant cette stratégie, le locuteur essaie de dire qu'en dépit de son refus il reconnaît une valeur ou un bénéfice de l'événement auquel il a été convié. Cette stratégie discursive est d'autant plus efficace qu'elle adoucit le refus, flatte la face positive du destinataire et prépare une bonne base pour les interactions futures. Les actes de valorisation contiennent généralement des adjectifs à connotation positive tels que « *chouette, importante, bonne, intéressante* », tel qu'illustré en (40), (41) et (42), le substantif « *plaisir* », le verbe « *aider* » (44). Les répondants réalisent aussi leurs valorisations sous forme de regret, introduit par la formule « *ça m'aurait aidé* », tel qu'en (44).

40) **C'est une chouette proposition**, mais on va devoir remettre ça à une autre fois car j'ai des choses à faire maintenant. (FC-I-CAM)

41) **Ça aurait été une très bonne occasion** mais malheureusement je ne serais pas disponible. Je regarderai sur internet. (FF-I-PROF)

42) J'aurai vraiment voulu assister à votre cours, **ça aurait été intéressant pour mon rapport**, mais j'ai un empêchement. (FF-I-PROF)

43) Je n'ai véritablement pas de chance. **C'est une occasion importante.** Pourriez-vous noter pour moi monsieur? (FC-I-PROF)

44) Merci madame pour l'information, **ça m'aurait vraiment aidé mais** je suis désolé madame de ne pas pouvoir y être, vraiment désolé. (FC-I-PROF)

4.4.1.5. Les promesses et vœux

En regardant le Tableau 6, on se rend compte que la promesse est seulement utilisée par les Français, tel qu'en (45) alors que le vœu n'apparait que dans les exemples camerounais, tel qu'illustré en (46). En (45), on observe que la promesse de chercher les informations sur Internet diffère des promesses employées comme refus indirects. En effet, dans cet exemple la promesse est une manière pour le locuteur d'exprimer un certain engagement en dépit du refus. Celui-ci essaie de montrer à son professeur que son absence à ladite conférence ne s'explique aucunement pas par le manque d'intérêt. Dans ce cas, la promesse adoucit l'acte central. Dans l'exemple (46), le locuteur fait appel aux vœux *« je vous souhaite une très bonne fête »* et *« amusez-vous bien »* pour indiquer qu'en dépit de son absence, il souhaite que la fête organisée par l'allocutaire réussisse. Les vœux de réussite fonctionnent ainsi comme une stratégie de compensation.

45) Ça aurait été une très bonne occasion mais malheureusement je ne serai pas disponible. **Je regarderai sur internet.** (FF-I-PROF)

46) Malheureusement, je ne serai pas là mais **je vous souhaite une très bonne fête. Amusez-vous bien.** (FC-I-AM)

4.4.1.6. Les autres types d'actes subordonnés

Cette catégorie regroupe quatre types d'actes dont l'emploi dans les deux variétés du français présente quelques différences. Le premier de ces actes, l'allusion à un savoir partagé, est utilisé dans les exemples camerounais, tel qu'en (47). L'expression employée à cet effet est l'énoncé *« tu sais que j'aime les fêtes »*, qu'on pourrait interpréter ici comme une allusion à un savoir partagé (entre amis) qui remplit aussi la fonction d'appel à la compréhension

> 47) Je ne pourrai pas y être, ne te fâche pas car **tu sais que j'aime les fêtes**. C'est juste que je serai prise. (FC-I-AM)

La salutation de clôture est uniquement attestée dans les exemples français. Elle sert, comme son nom l'indique, à conclure l'interaction sur un ton positif et à souhaiter une bonne fin de semaine au destinataire dont l'invitation vient d'être repoussée, tel qu'illustré en (48).

> 48) Je suis désolé mais je ne peux pas. **A bientôt, passe une bonne fin de semaine** ! (FF-I-AM)

L'expression de la déception et du pessimisme est plus fréquente chez les Français que chez les Camerounais (France : 9.1% vs. Cameroun : 2.4%). Dans les deux cas, cet acte est déployé pour plutôt amener l'interlocuteur à sympathiser avec la personne qui décline l'invitation, comme le montrent (49) et (50).

> 49) Je ne pourrais pas assister à cette conférence. **C'est dommage pour mon travail**. (FF-I-PROF)
> 50) **Je n'ai véritablement pas de chance**. C'est une occasion importante. Pourriez-vous noter pour moi monsieur ? (FC-I-PROF)

Finalement, l'exclamation « *ce n'est pas vrai* » est employée comme acte subordonné en (51) dans le but d'exprimer l'exaspération et la déception du locuteur de ne pas être en mesure d'accepter l'invitation.

> 51) Ah mince ! **Ce n'est pas vrai** ! J'ai quelque chose à faire ce jour-là, je ne peux pas. C'est vraiment dommage. (FF-I-PROF)

4.4.2. Les adoucisseurs et amplificateurs lexicaux, morphologiques et syntaxiques

Les locuteurs des deux variétés du français recourent aussi à divers procédés lexicaux et morphosyntaxiques pour atténuer ou augmenter l'impact des actes de langage employés dans les séquences de refus. D'une manière générale, les répondants des deux groupes utilisent plus de procédés lexicaux que de procédés morphosyntaxiques. Il y a au total 55 modifications internes attestées chez les Camerounais, dont 50 moyennant des procédés lexicaux et 5 effectuées à l'aide des procédés syntaxiques. Chez les Français, il y a 36 modifications internes, dont 31 ayant eu lieu à travers des procédés lexicaux et 5 modifications effectuées moyennant des procédés syntaxiques. Les modificateurs identifiés fonctionnent soit comme des adoucisseurs soit comme des intensificateurs. Il n'y a pas de durcisseurs dans le corpus d'étude.

4.4.2.1 Les adoucisseurs

La plupart des adoucisseurs utilisés dans les deux variétés du français sont des adverbes. Ces éléments sont utilisés pour atténuer ou renforcer les refus ou actes subsidiaires. Nous avons relevé 15 exemples d'adverbes d'atténuation chez les Camerounais. Parmi ces éléments, *« malheureusement »*, avec 7 occurrences (46.7%) et *« peut-être »*, avec 5 exemples (33.3%), sont les adverbes les plus employés. Nous avons aussi identifié la formule *« si vous ne trouvez aucun inconvénient »*, qui est utilisée pour adoucir la suggestion qui accompagne le refus exprimé sous forme de justification, tel qu'illustré en (52).

> 52) Merci, mais je n'ai pas assez de temps C'est mieux prochainement **si vous ne trouvez aucun inconvénient**. (FC-I-CAM)

Des cinq procédés utilisés par les Français pour atténuer leurs refus directs, il y a trois exemples de *« malheureusement »* et deux exemples de la formule *« c'est dommage »*. Mentionnons aussi la formule *« sans souci »* employée comme un indicateur de haut degré d'engagement dans la promesse faite, tel qu'illustré en (53), et la formule *« ça serait cool »* dont la fonction est d'exprimer le sentiment positif du locuteur par rapport à la suggestion faite, d'amadouer l'interlocuteur et de l'encourager à accepter la solution alternative suggérée, comme le montre (54). Il y a aussi deux exemples de la formule *« si vous voulez »*, employée pour faire savoir au destinataire qu'on respecte sa liberté d'action par rapport à la suggestion qui est faite, comme le montre (55).

> 53) J'ai trop de devoirs ce soir mais demain **sans souci** ! (FF-I-CAM)
> 54) Je suis désolée, je ne peux pas! La prochaine fois, **ça serait cool** ! (FF-I-CAM)
> 55) Je n'ai pas le temps là tout de suite. Demain ou ce week-end **si vous voulez** on peut s'organiser ça. (FF-I-CAM)

Les répondants des deux groupes ont aussi employé quelques formules destinées à introduire leurs refus et à exprimer une certaine attitude (pessimisme, regret, etc.) par rapport aux refus. Alors que les Camerounais ont utilisé à cet effet les expressions telles que *« je crains de »*, *« je ne pense pas que »*, *« permettez-moi de vous dire que »*, *« j'ai le regret de »*, les Français ont recours aux expressions telles que *« je suis trop dégouté de ne pas »*, *« je suis vraiment déçu de ne pas »* pour souligner leur déception de ne pas pouvoir assister à la fête de leurs amis.

Les répondants camerounais et français utilisent aussi le conditionnel pour signaler une certaine incertitude liée au contenu de leurs refus, tel qu'en (56) et l'emploi du passé de politesse est attesté une fois dans les exemples français, comme le montre (57).

> 56) Désolé mon pote, je ne **pourrais** pas honorer cette invitation. (FC-I-AM)
> 57) Je **voulais** la faire ta fête. (FF-I-AM)

4.4.2.2 Les intensificateurs

Il y a 48 adverbes dans les exemples camerounais, représentant à eux seuls 87.3% (48/55) de toutes les modifications internes identifiées. Des 48 adverbes répertoriés, 33 (68.8%) sont utilisés pour intensifier les refus indirects, notamment les justifications et les excuses. Parmi les adverbes intensifs attestés, « *vraiment* » est, avec 10 occurrences (30.3%), le procédé d'intensification interne préféré des Camerounais. Les autres adverbes ont des taux d'emploi respectifs nettement plus bas. A cela s'ajoute la formule « *soyez sûr que* », employée pour indiquer la sincérité du locuteur dans son engagement et sa promesse à donner une suite favorable à une autre invitation, comme le montre (58). En renforçant la promesse, le locuteur cherche à rendre son refus moins menaçant pour la face du supérieur.

> 58) Pardon Monsieur puisque j'avais déjà un programme je ne pourrai pas être avec vous car j'ai trop à faire. **Soyez sûr qu'à** la prochaine je participerai. (FC-I-PROF)

Tout comme les Camerounais, les répondants français recourent abondamment aux adverbes pour amplifier la force illocutoire de leurs refus. Ils ont en effet employé 24 adverbes pour renforcer les refus directs et indirects ainsi que les actes subsidiaires. L'adverbe d'intensité préféré des Français est « *vraiment* », avec sept occurrences (29.2%), suivi de « *trop* » avec cinq exemples (20.8%).

On note aussi l'emploi de certaines interjections destinées à exprimer l'état émotionnel du locuteur par rapport à l'échange « invitation – refus ». Les interjections attestées expriment des sentiments tels que la surprise, la déception, entre autres, et ces sentiments sont exprimés dans le but de réduire l'impact du refus. Les Français ont employé neuf interjections, notamment « *ah* », « *ce n'est pas vrai* », « *mince* », « *oh* », « *ah mince »*, *« ça me fait chier »*. A cela s'ajoute le marqueur d'hésitation *« euh »*. Ces éléments sont employés pour introduire les refus directs et indirects. Il n'y a qu'une seule interjection, notamment *« oh »*, chez les Camerounais : elle apparait deux fois dans la préface des actes subordonnés.

4.5. Les formes d'adresse

Il se dégage aussi de l'analyse des exemples recueillis que les répondants des deux groupes emploient différents types de termes ou formes d'adresse ; lesquels acquièrent une valeur non négligeable dans la modification de la force illocutoire des refus énoncés. Les exemples montrent en effet que les formes d'adresse attestées servent à exprimer la proximité, l'affection, la déférence et le respect, contribuant ainsi à rendre les refus moins menaçants pour la face de l'interlocuteur et pour celle du locuteur. Le Tableau 7 résumé les types et fréquences de formes d'adresse dans les deux variétés du français.

Table 7. Distribution des formes nominales d'adresse dans les deux variétés du français

	Cameroun		France	
	N	%	N	%
Tu	14	42.4%	5	27.8%
Vous	16	48.5%	5	27.8%
On	2	6.1%	7	38.9%
Nous	1	3%	1	5.5%
Total	33	100%	18	100%

Les choix des Français

Les Français ont utilisé au total 18 occurrences de formes nominales d'adresse, dont cinq exemples du pronom *« tu »* (27.8%), cinq occurrences du pronom *« vous »* (26.8%), sept exemples du pronom *« on »* (38.9%0, et une occurrence du pronom *« on »* (5.5%). Les pronoms *« tu »* et *« on »* sont employés envers les amis et les camarades de classe. Le pronom *« on »* s'emploie exclusivement dans les refus indirects, plus précisément dans les suggestions d'une action ou date alternative. Ce pronom s'utilise ainsi comme synonyme du pronom *« nous »* pour indiquer que l'action suggérée sera accomplie par les deux protagonistes, comme le montre l'exemple (59). Dans cet exemple, le pronom *« on »* fonctionne comme un adoucisseur. Le pronom *« vous »* est employé pour indiquer une relation plutôt asymétrique et pour exprimer le respect et la déférence envers le destinataire en position d'autorité. Le pronom « *nous* » est déployé pour adoucir une demande formulée à l'endroit du supérieur, tel qu'en (60). Dans cet exemple, le locuteur indique qu'il ne peut pas assister à la conférence à laquelle il a été invité. Comme alternative, ce dernier voudrait savoir si une discussion après la conférence est possible.

    59) **On** pourra refaire une soirée ensemble plus tard. (FF-I-CAM)
    60) Pourrions-**nous** en parler après la conférence ? (FF-I-PROF)

Les choix des Camerounais

Comparativement aux répondants français, les enquêtés camerounais ont employé beaucoup plus de formes d'adresse. En plus des 33 formes nominales d'adresse présentées dans le Tableau 7, ces derniers ont utilisé 26 formes nominales d'adresse. En plus, leurs choix révèlent des différences considérables par rapport à ceux des Français. Des 33 formes nominales d'adresse identifiées, les pronoms les plus employés sont « *tu* » et « *vous* ». Le « *tu* » apparait 14 fois (42.4%) et est utilisé pour exprimer l'amitié et la proximité. Il y a 16 occurrences du pronom « *vous* » (48.5%), et ce pronom sert à exprimer le respect ou la déférence (quand les locuteurs s'adressent à leurs professeurs) et le respect de la distance sociale (lorsque les locuteurs s'adressent à leurs camarades de classe). Il faut ajouter que les pronoms « *tu* » et « *vous* » sont largement plus employés en français du Cameroun qu'en français de France. Par contre, le pronom « *on* », qui présente un taux d'emploi de 38.9% chez les Français, est très peu utilisé par les Camerounais : ce pronom ne représente, en effet, que 2 occurrences, soit 6.1% des pronoms d'adresse dans le répertoire camerounais. Le taux d'emploi du pronom « *nous* » est relativement bas, tout comme chez les Français.

Les formes nominales d'adresse employées par les Camerounais se répartissent dans plusieurs catégories. Nous avons identifié les termes de parenté, solidarité et d'intimité tels que « *ma sœur* », « *ma puce* », « *ma copine* », « *mon pote* », « *cher ami* », « *l'amie* », « *camarade* », « *mademoiselle* » et les termes honorifiques tels que « *monsieur* », « *madame* », « *professeur* ». Les exemples ci-dessous illustrent l'emploi de quelques formes nominales d'adresse dans les refus camerounais.

    61)   **Ma copine** j'aimerais bien être là mais je ne peux malheureusement pas. (FC-I-AM)
    62)   Désolé **cher ami**, je suis fatigué et je dois rentrer me reposer. (FC-I-CAM)
    63)   Excuse-moi **ma sœur** mais mon agenda est saturé, une autre fois peut-être. (FC-I-CAM)

64) Merci **Professeur** ! Mais c'est dommage parce que pour des raisons qui ne dépendent pas de moi, je ne pourrai pas y assister. (FC-I-PROF)

C'est le lieu de mentionner ici que l'emploi des formes nominales d'adresse est exclusivement attesté dans les exemples camerounais. Leur absence dans les productions des Français semble corroborer les résultats d'études antérieures, qui relèvent la rareté des termes nominaux d'adresse en français de France (cf. Kerbrat-Orecchoni, 1992 : 54). Contrairement aux répondants français, les répondants camerounais font usage des termes d'intimité et de solidarité pour préserver la cohésion du groupe, lorsqu'ils repoussent les invitations de leurs amis, et pour réduire la distance sociale avec les camarades de classe dont ils déclinent l'invitation à prendre un pot après les cours.

4.6. Conclusion

Le but des analyses présentées dans ce chapitre était de mettre en lumière la manière dont les répondants camerounais et français gèrent le matériau verbal à leur disposition pour repousser les invitations formulées par leurs amis, camarades de classe et professeurs. Les analyses ont permis de dégager quelques similitudes entre les locuteurs des deux variétés du français en ce qui a trait aux types d'acte employés, aux types de formulation du refus. On relève d'une manière générale que les répondants des deux espaces francophones utilisent les refus indirects beaucoup plus que les refus directs lorsqu'ils repoussent les invitations. Les types de refus indirects préférés dans les deux groupes sont les justifications, les excuses et les promesses. Ces stratégies présentent, toutefois, quelques divergences entre les deux groupes, en ce qui concerne leur distribution dans les trois situations de l'enquête. L'analyse a aussi révélé des différences culturelles par rapport à l'emploi des actes subordonnés et des formes d'adresse.

Chapitre 5 : Comparaison des refus d'offres

5.1. Introduction

Les analyses proposées dans ce chapitre portent sur les stratégies utilisées par les répondants camerounais et français pour opposer un refus aux interlocuteurs qui leur font des offres. L'attention sera aussi accordée à l'impact des variables telles que le type d'offre et le degré de familiarité et la distance hiérarchique entre les interlocuteurs sur le choix des stratégies de refus. Après un bref rappel des caractéristiques des données empiriques utilisées, l'attention sera accordée aux types d'actes employés par les répondants des deux groupes (section 5.2). Par la suite, nous présentons les différentes stratégies de refus mises en œuvre par les Camerounais et Français interrogés (section 5.3). Avant cela, un bref rappel des caractéristiques des données employées s'impose.

Nous avons présenté les trois situations suivantes aux répondants. Nous leur avons demandé, dans la première situation, de refuser une offre faite par un(e) ami(e) : Dans cette situation, les variables pertinentes sont le refus d'une offre de prêt d'argent et le fait que l'interaction se déroule entre deux amis. Dans la deuxième situation proposée, il était question de décliner une offre d'une personne inconnue. On a affaire ici à un échange entre deux protagonistes qui ne se connaissent pas : l'un repousse l'offre d'être raccompagné dans le véhicule de l'autre. S'agissant de la troisième situation, les répondants étaient appelés à repousser une offre d'emploi. Il est ici question d'un refus exprimé de bas en haut, notamment un(e) employé(e) décline l'offre de son supérieur hiérarchique et l'offre porte sur un emploi à temps plein dans une autre ville. Ces paramètres permettront de vérifier l'hypothèse selon laquelle la situation interactionnelle influence les choix linguistiques. Nous avons obtenu un total de 117 exemples, dont 60 réponses des Camerounais (20 exemples dans chacune des trois situations) et 57 réponses des participants français (19 dans chacune des trois situations). Comme dans le cas des refus d'invitations et de demandes d'aides, l'analyse des refus dans les trois situations d'offre présentées supra, s'est effectuée en plusieurs étapes. Le premier volet consistait à cerner la tendance générale des choix des répondants par rapport aux types d'actes de langage.

5.2. Les types d'actes employés

L'analyse révèle que la distribution des actes centraux et des actes subordonnés diverge dans les deux variétés du français, comme le montre le Tableau 1.

Tableau 1. Distribution des actes centraux et subordonnés

		FC	FF
Actes centraux	Refus directs	30 (18.4%)	36 (22%)
	Refus indirects	72 (44.2%)	75 (46%)
Actes subordonnés		61 (37.4%)	52 (32%)
Total		163 (100%)	163 (100%)

En regardant le Tableau 1, on remarque que la fréquence des actes centraux est nettement plus élevée que celle des actes subordonnés dans les deux variétés et que les répondants des deux espaces utilisent beaucoup plus les refus indirects. En ce qui concerne les refus directs, le résultat montre que les Français sont plus directs que les Camerounais. Nous avons aussi recensé des divergences liées à la distribution des actes centraux et des actes subordonnés dans les trois situations (voir Tableau 2).

Tableau 2. Distribution des actes centraux et actes subordonnés selon le type de situation

	Actes centraux				Actes subordonnés	
	Refus directs		Refus indirects			
	FC	FF	FC	FF	FC	FF
S1-Ami(e)	12 (40%)	11 (30.5%)	29 (40.3%)	34 (45.3%)	18 (29.6%)	18 (34.6%)
S2-Inconnu(e)	6 (20%)	15 (41.7%)	20 (27.7%)	17 (22.7%)	24 (39.3%)	22 (42.3%)
S3-Patron(ne)	12 (40%)	10 (27.8%)	23 (32%)	24 (32%)	19 (31.1%)	12 (23.1%)
Total	30 (100%)	36 (100%)	72 (100%)	75 (100%)	61 (100%)	52 (100%)

Le Tableau 2 montre, en effet, que les Camerounais utilisent le même nombre de refus directs pour décliner les offres de leurs amis et leurs patrons. Les Français, par contre, sont plus directs à l'égard des personnes inconnues. Le taux d'emploi des refus directs envers les amis et les supérieurs est sensiblement le même dans les exemples français.

Chez les Camerounais, les refus indirects sont plus fréquents envers les amis.[1] Les Français emploient plus de refus indirects envers les amis et les supérieurs. Les actes subordonnés connaissent le taux d'emploi le plus élevé chez les Camerounais quand ces derniers déclinent l'offre des personnes inconnues. Les Français utilisent beaucoup plus les actes subordonnés envers les personnes inconnues.

Après avoir examiné la distribution générale des actes centraux et actes subordonnés employés par les répondants camerounais et français, il importe aussi de mettre en lumière les stratégies de formulation mises en œuvre par ces derniers pour repousser les offres faites par leurs amis, leurs patrons et par des personnes inconnues. Ce volet de l'analyse consiste, plus précisément, à décrire les types de refus attestés (leurs fonctions pragmatiques et leurs formes de réalisation), les actes subordonnés et les modifications internes, en nous appuyant sur des exemples tirés du corpus.

5.3. Les types de formulations

5.3.1. Les refus directs

Comme nous avons établi dans les deux chapitres précédents, les répondants s'appuient sur diverses stratégies pour refuser les offres de manière directe. Ces stratégies consistent à dire non, à évoquer l'impossibilité d'accepter l'offre (*impossibilité*), à signaler le manque d'envie ou d'intérêt par rapport à l'offre faite (*pas d'intérêt/de volonté/ d'envie*) et à utiliser des formules explicites performatives (*performatif*). Les fréquences respectives de ces stratégies sont présentées dans le Tableau 3.

Tableau 3. Distribution des refus directs dans les deux variétés de français

Type de refus direct	FC	FF
Non	14 (46.7%)	22 (61.1%)
Impossibilité	11 (36.7%)	8 (22.3%)
Pas d'intérêt/d'envie	2 (6.7%)	3 (8.3%)
Performatif	3 (10%)	3 (8.3%)
Total	**30 (100%)**	**36 (100%)**

---

[1] Ce taux élevé de stratégies indirectes dans cette situation est dû au nombre particulièrement important des actes de dissuasion (voir section 3.2).

Le Tableau 3 montre que le « *non* » est la stratégie directe la plus récurrente dans les deux variétés du français. La deuxième stratégie directe la plus utilisée dans les deux variétés, à savoir l'évocation de l'impossibilité d'accepter l'offre, est plus fréquente chez les Camerounais ; elle représente 36.7% de tous les refus directs camerounais. Les autres stratégies directes présentent des taux d'emploi divergents dans les deux variétés. Signalons aussi que le « non », dans les deux variétés, est toujours accompagné d'autres types d'actes, tel qu'illustré en (1) et (2). En (1), le « non » est suivi d'une autre formulation directe, dans laquelle le locuteur déclare que l'offre n'est pas nécessaire. Cet acte direct est suivi de l'énoncé *« je crois que je pourrai m'en sortir »*, servant à dissuader l'allocutaire. L'extrait se termine par le remerciement *« merci tout de même d'y avoir pensé »* (un acte subordonné). Il en est de même de l'exemple (2), où le *« non »* est suivi de trois actes de dissuasion, à savoir *« c'est bon »*, *« t'inquiètes »* et *« je vais trouver une autre solution »*.

1) Non ce n'est pas nécessaire. Je crois que je pourrai m'en sortir. Merci tout de même d'y avoir pensé. (FC-O-AM)
2) Non c'est bon t'inquiètes, je vais trouver une autre solution. (FF-O-AM)

Pour évoquer l'impossibilité d'accepter les offres qui leur sont faites, les Camerounais interrogés s'appuient sur des structures linguistiques comportant le verbe *« pouvoir »* au présent de l'indicatif (« *je ne peux pas* »), au futur (« *je ne pourrai pas* ») et au conditionnel présent (« *je ne pourrais* ») et la structure *« il est impossible pour moi d'accepter »*. Les Français interrogés font aussi usage des formulations du type *« je ne peux/pourrai pas accepter »*, mais celles-ci sont plus expansives que les structures du même type utilisées par les répondants camerounais. L'analyse révèle aussi que les énoncés qui sont employés pour exprimer l'impossibilité d'accepter les offres sont généralement adoucis, moyennant des refus indirects, actes subordonnés et modifications internes.

Concernant le recours aux performatifs, les exemples produits par les répondants camerounais regorgent d'énoncés comme *« Je me sens obligé de refuser »*, *« Je me sens obligé de dire non »*, *« Je vais décliner »*, tandis que le répertoire livré par les Français comporte les énoncés suivants : *« Je refuse de déménager »*, *« Je suis toutefois obligé de décliner »*, *« Je me vois obligée de décliner »*. On note que la plupart des énoncés performatifs sont atténués de part et d'autre. Il s'agit surtout des procédés syntaxiques tels que *« je me vois/suis obligé de »* *« je me sens obligé de »*, entre autres, qui sont déployés pour persuader le destinataire que le refus se fait indépendamment de la volonté du locuteur. Comme le montrent les exemples (3), (4) et (5), les structures en gras sont utilisées pour focaliser l'attention du destinataire sur les contraintes qui empêchent l'acceptation de l'offre plutôt que sur le refus proprement dit. En évoquant ses habitudes ou principes en (5), le locuteur cherche aussi à désamorcer l'offense que pourrait provoquer son refus. Dans l'exemple (5), on observe que *« sincèrement »* sert à exprimer la sincérité du locuteur par rapport à l'obligation de refuser l'offre.

3) Vraiment c'est trop gentil à toi, mais **je me sens obligé de refuser** vois-tu ce n'est pas dans mes habitudes d'emprunter. (FC-O-AM)

4) C'est une belle perspective, je vous remercie d'avoir pensé à moi, je **suis toutefois obligé de décliner**. (FF-O-PAT)

5) C'est si aimable de ta part mon gars mais **sincèrement je suis obligé de dire non**. J'aime pas être redevable. (FC-O-AM)

L'exemple (6) illustre un autre type de procédé d'atténuation, notamment l'emploi de la tournure *« il est impossible de »* qui est préférée à la formule *« je ne peux pas accepter »*. Un tel procédé semble une stratégie qui permet au locuteur d'éviter d'assumer explicitement le refus direct et de détourner l'attention de l'allocutaire vers quelque chose d'impersonnel.[2]

6) Merci pour votre propos, mais **il est impossible** pour moi d'accepter car je me suis déjà bien adapté ici. (FC-O-PAT)

Dans l'extrait (7), le refus direct est précédé d'un remerciement qui l'adoucit. La locution adverbiale *« de toute façon »* est employée ici pour indiquer que le refus est irréversible, même si on reconnaît le bienfait que représente l'offre en question.

7) C'est gentil de votre part mais **de toute façon** je ne peux pas. (FC-O-INC)

L'analyse des refus révèle des similitudes et différences dans les deux espaces francophones. L'analyse a également révélé des points de convergence et de divergence entre les deux groupes par rapport aux refus indirects, l'objet de la section suivante.

---

[2] Ce procédé n'est pas attesté dans les exemples produits par les Français.

5.3.2. Les refus indirects

Pour exprimer indirectement leurs refus, les Camerounais interrogés se sont appuyés sur neuf types d'actes de langage, notamment *la justification, l'acte de dissuasion, l'expression de la préférence, l'allusion à un principe, l'excuse ou le regret, l'acte d'évitement, le reproche, la demande* et *la minimisation de l'offre*. Les Français ont, quant à eux, fait appel à six types d'actes de langage pour décliner indirectement les offres : *la justification, l'acte de dissuasion, l'expression de la préférence, l'allusion à un principe, l'excuse ou le regret* et *l'acte d'évitement*. La distribution de ces actes est présentée dans le Tableau 4.

Tableau 4. Distribution des refus indirects en termes d'actes illocutoires

	FC	FF
Justifications	28 (38.9%)	45 (60%)
Dissuasions	19 (26.4%)	18 (24%)
Préférences	6 (8.4%)	6 (8%)
Principes	8 (11.1%)	3 (4%)
Excuses / Regrets	4 (5.5%)	2 (2.7%)
Évitements	1 (1.4%)	1 (1.3%)
Reproches	4 (5.5%)	-
Demandes	1 (1.4%)	-
Minimisations de l'offre	1 (1.4%)	-
Total	**72 (100%)**	**75 (100%)**

On note à la lumière des résultats présentés dans le Tableau 4 que la justification est l'acte de langage le plus employé dans les deux variétés du français. On observe cependant, que la fréquence des justifications est nettement plus haute en français de France (Cameroun : 38.9% et France : 60%). En d'autres termes, les Français interrogés se justifient plus fréquemment que les Camerounais interrogés, lorsqu'ils repoussent des offres qui leur sont faites. La dissuasion est le deuxième type de refus indirect le plus utilisé par les répondants des deux espaces. Alors que l'allusion aux principes est, avec une fréquence de 11.1%, le troisième type de refus indirect chez les Camerounais, cet acte vient en quatrième position chez les Français, avec un taux d'emploi de 4%. L'expression de la préférence est, avec 8%, le troisième type de refus indirect le plus utilisé par les Français, tandis que cet acte est le quatrième type de refus indirect chez les Camerounais. Signalons aussi que, si la fréquence des excuses est nettement basse que celle des autres types de refus indirects déjà évoqués dans les deux variétés étudiées, les informateurs camerounais semblent s'excuser beaucoup plus que leurs homologues français. À cela s'ajoute le fait qu'il y a des actes qui n'apparaissent que dans une des deux variétés étudiées. C'est le cas du reproche, de la demande et la critique de l'offre, que nous n'avons identifiés que dans les exemples camerounais. Par ailleurs, nous avons remarqué qu'en termes de réalisations linguistiques des types de refus indirects recensés, les locuteurs des deux variétés de français étudiées n'opèrent pas toujours les mêmes choix, comme le montre la discussion dans les sections qui suivent.

5.3.2.1. Les justifications et explications

Les répondants des deux espaces francophones choisissent généralement les formes de réalisation des justifications en fonction des situations de communication.

Les justifications destinées aux amis

Les choix des Camerounais

La raison évoquée par les Camerounais pour décliner l'offre de prêt d'argent est l'incertitude du remboursement de l'argent en question, tel qu'illustré en (8).

8) Merci pour ton aide, mais il est impossible pour t'emprunter cette somme **car je ne sais pas comment je ferai pour rembourser.** (FC-O-AM)

Les choix des Français

Les Français évoquent, en plus de l'incertitude du remboursement de l'argent prêté, tel qu'en (9), la gêne ou l'embarras d'accepter un prêt d'argent, tel qu'en (10) et l'évitement de la dette (11).

9) Non merci c'est gentil mais j'aime pas avoir des dettes et **je ne suis même pas sure de quand je pourrais te rembourser.** (FF-O-AM)
10) C'est très gentil de ta part mais je ne peux pas accepter, **cela me gêne et ce n'est pas ton rôle.** (FF-O-AM)
11) Non, c'est bon t'inquiètes **pas envie d'avoir une dette en plus.** (FF-O-AM)

Les justifications adressées aux personnes inconnues

Les choix des Camerounais

Dans ce type d'interaction, on note que des dix justifications camerounaises attestées, six indiquent que le locuteur attend quelqu'un qui viendra le chercher, comme le montre (12). L'on indique aussi qu'on n'est pas pressé, qu'on n'est pas intéressé par l'offre, tel qu'en (13), qu'on n'est pas très loin du domicile, tel qu'illustré en (14). Ces justifications permettent, il faut le rappeler, de refuser les offres sans blesser l'amour propre des personnes qui font ces offres.

12) J'aimerais bien mais **quelqu'un viendra me prendre d'ici peu**, merci tout de même. (FC-O-INC)
13) Merci de votre gentillesse mais **je ne suis pas intéressé**. (FC-O-INC)
14) Désolé monsieur, **ma maison est à un pas d'ici**. (FC-O-INC)

Pour renforcer la justification, certains répondants camerounais soulignent l'imminence de l'aide qu'ils attendent, moyennant les adverbes et locutions adverbiales tels que « bientôt », « d'ici peu », « dans quelques minutes », etc.

Les choix des Français

Dans la plupart des justifications françaises (10 occurrences sur 14), la raison évoquée est le désir de prendre un taxi ou d'emprunter les transports en commun (bus, métro), tel qu'en (15). Dans les quatre autres cas, le refus se justifie, entre autres, par le fait qu'on connait la ville, tel qu'en (16), et qu'on ne voudrait pas monter dans la voiture d'une personne qu'on ne connait pas, comme le montre (17). Certains Français mobilisent des procédés lexicaux, notamment « d'une minute à l'autre », « déjà », « toujours », « jamais », pour renforcer leurs justifications.

15) Non merci, **je vais prendre le métro et le bus**. (FF-O-INC)
16) **Je connais la ville** et je n'ai pas énormément d'argent, je préfère marcher et utiliser les transports en commun. (FF-O-INC)
17) Merci, c'est gentil mais non mon taxi ne va pas tarder, et **puis mon papa m'a toujours appris à ne jamais monter en voiture avec un inconnu.** (FF-O-INC)

Les justifications destinées aux patrons

Les choix des Camerounais

Appelés à décliner une offre d'emploi à plein temps dans une autre ville, les répondants camerounais justifient généralement leurs refus en évoquant leur désir de stabilité sociale et familiale. Dans six cas sur seize (37.5%), ils indiquent qu'ils se sentent bien dans la ville où ils travaillent actuellement, même si leur emploi n'est qu'à temps partiel. La formule employée à cet effet est *« je me sens bien ici/là où je suis »*. À cela s'ajoutent cinq énoncés à l'aide desquels certains locuteurs interrogés disent vouloir rester dans la ville actuelle, d'autant plus qu'ils y vivent déjà dans leur propre maison et tiennent à ne plus changer de ville parce qu'ils n'aimeraient plus vivre en location, tel qu'illustré en (18).

> 18) **Monsieur, je me suis déjà construit ici en ville. Je n'aimerais plus louer dans ma vie.** Donc monsieur, je suis désolé. (FC-O-PAT)

Mentionnons trois autres cas où les locuteurs font allusion à d'autres activités qu'ils exercent dans la ville. Dans deux des 16 justifications attestées, l'accent est mis sur la famille : le locuteur évoque son attachement à la vie en famille et mentionne des responsabilités familiales qu'il aimerait continuer à assumer. D'une manière générale, le fait de miser sur la stabilité sociale pour repousser l'offre du patron est un appel indirect à la compréhension du supérieur. Comme certains exemples le montrent, les locuteurs tentent d'amadouer le supérieur, moyennant des adverbes, locutions adverbiales et formes d'adresse.

Les choix des Français

Nous avons observé des choix similaires chez les Français lorsqu'ils déclinent l'offre d'emploi faite par le patron. Des 20 justifications attestées, 13 énoncés mettent l'accent sur leur désir de stabilité et de sociabilité des locuteurs. Plus précisément, les répondants indiquent qu'ils se sentent bien dans leur poste actuel, qu'ils ont besoin de stabilité pour eux et leurs familles, et qu'ils ne sont pas prêts à quitter la ville, comme c'est le cas dans l'exemple (19).

19) Je suis très intéressée cependant je me vois obligée de décliner car **pour ma vie de famille j'ai besoin de stabilité et je ne peux pas me permettre de changer la ville**. (FF-O-PAT)

Ces justifications peuvent être cumulées dans un même tour de parole, tel qu'en (20), et elles peuvent être nuancées à l'aide des adverbes comme « *très* », « *malheureusement* », « *actuellement* », « *pas encore* », « *comme ça* ». Dans d'autres cas, l'on évoque le manque de moyen de locomotion et des responsabilités familiales. Ce cas de figure est illustré en (20).

20) Je m'excuse mais je ne peux pas accepter votre proposition **je n'ai pas de moyen de locomotion pour aller là-bas et je dois m'occuper de mes frères et mes sœurs le soir**. (FF-O-PAT)

Trois répondants font allusion à leurs études, tel qu'en (21). Finalement, un répondant indique tout simplement que ce n'est dans ses projets de changer de ville, tel qu'en (22).

21) Je ne peux pas quitter ma ville, malheureusement, **je passe actuellement un diplôme sur Toulouse**. (FF-O-PAT)

22) Je refuse de déménager. **Ce n'est pas dans mes projets**. (FF-O-PAT)

Si de manière générale, les répondants des deux espaces recourent sensiblement aux mêmes types de justifications envers leurs patrons, on peut tout de même relever quelques différences relatives aux structures linguistiques utilisées. Qu'en est-il de la réalisation de l'acte de dissuasion ?

5.3.2.2. Les dissuasions

La dissuasion représente le deuxième type de refus indirect le plus récurrent dans les deux variétés. Elle est actualisée dans le but d'inviter l'allocutaire à renoncer à son offre. Cette stratégie indirecte peut apparaitre solitairement ou en association avec d'autres types de refus et/ou d'actes subordonnés, comme le montrent les exemples (23) et (24).

23) Non ce n'est pas nécessaire. **Je crois que je pourrai m'en sortir**. Merci tout de même d'y avoir pensé. (FC-O-AM)

24) Non, **c'est bon t'inquiète**, pas envie d'avoir une dette en plus. (FF-O-AM)

Les choix des Camerounais

Sur les 19 dissuasions recensées, six sont actualisées pour indiquer que la situation dans laquelle se trouve le locuteur est passagère. Les répondants recourent à cet effet aux formules comme « *ça ira* », « *tout ira bien* », « *cela me passera* » et « *la situation va se* décanter ». Ensuite viennent les énoncés actualisant l'optimisme de pouvoir se tirer d'affaires sans l'aide d'autrui : « *je vais supporter* », « *je vais m'en sortir* », « *je crois que je pourrai m'en sortir* ». À cela s'ajoutent les énoncés comme « *ne t'inquiète pas pour moi* » et « *ne vous en faites pas* ». Dans d'autres cas, les locuteurs expriment le vœu de pouvoir emprunter une autre voie, à l'aide d'énoncés comme « *je vais me débrouiller autrement* » et « *je me débrouillerais tout seul* » ou moyennant des énoncés comme « *j'ai déjà pu trouver une solution* », « *je trouverai bientôt la solution à mon problème* », « *je trouverai forcément un autre moyen* ». Certaines dissuasions prennent d'énoncés qui soulignent le caractère inopportun *(« je ne pense pas que ce soit une bonne idée »*) ou précoce (« *la vie continue j'aurai l'opportunité une autre fois* ») de l'offre faite. Pour intensifier la force illocutoire de leurs actes, les répondants camerounais cumulent deux ou trois dissuasions dans un même tour de parole, tel qu'illustré en (25), où trois actes de dissuasions sont juxtaposés, notamment « *ça ira* », « *je trouverai bientôt la solution à mon problème* », et « *ne t'inquiète pas pour moi* ».

    25) C'est très gentil de ta part mais **ça ira je trouverai bientôt la solution à mon problème ne t'inquiète pas pour moi.** (FC-O-AM)

Les locuteurs interrogés renforcent leurs dissuasions au moyen des adverbes d'intensité tels que « *bien* » et « *forcément* », de l'adverbe temporel « *bientôt* » et la locution adverbiale « *d'ici peu (de temps)* » qui leur permettent d'indiquer que la solution alternative est imminente et de signaler, par ricochet, au destinataire qu'il ne devrait pas s'inquiéter outre mesure. On note aussi le recours à « *autrement* » et « *tout seul* » pour signaler la manière dont on compte résoudre le problème en question. Dans bon nombre de cas, les procédés lexicaux utilisés servent à relever le fait que les locuteurs ne sont pas tant désespérés et que ces derniers peuvent se contenter d'autres voies de solution pour leur problème. Mentionnons aussi les procédés syntaxiques tels que « *je crois que* », « *je pense que* », « *je ne pense pas que* », qui sont mobilisés pour présenter l'acte dissuasif comme un argument subjectif.

Les choix des Français

Pour dissuader l'allocutaire, les Français recourent aux énoncés tels que « *t'inquiète (pas)* » et « *ne t'inquiète pas* ». Les allusions à d'autres solutions empruntent la forme d'énoncés tels que « *je préfère me débrouiller toute seule* », « *je vais me débrouiller (par moi-même/autrement) »*, *« je vais m'en sortir »* et *« je vais trouver une (autre) solution »*. Alors que les Camerounais emploient la formule *« ça ira »*, les Français privilégient l'expression *« c'est bon »* pour évoquer le caractère passager de leur situation. Tout comme les Camerounais, les Français renforcent leur intention de dissuasion en cumulant plusieurs énoncés de dissuasion dans une même séquence verbale, comme le montre (26). L'intensification peut aussi avoir lieu moyennant des procédés lexicaux tels que *« toute seule »*, *« autrement »*, *« par moi-même »*, dont la fonction est de faire prévaloir la liberté d'action du locuteur.

26) **Ne t'inquiète pas je vais me débrouiller par moi-même**, mais merci quand même. (FF-O-AM)

5.3.2.3. Les expressions de préférence

Les choix des Français

Chez les Français, cette stratégie indirecte prend la forme d'énoncés performatifs explicites du type *« je préfère X/je préfère ne pas X »*, tel que montré en (27).

27) **Je préfère me débrouiller toute seule**, je vais trouver une autre solution. **Je préfère ne pas mélanger mes amis à ces affaires**. Merci quand même. (FF-O-AM)

Les choix des Camerounais

Si les Camerounais recourent aussi aux performatifs explicites, comme le montre (28), ils emploient d'autres types d'énoncés pour exprimer leurs préférences, à l'instar de la structure illustrée en (29). On note aussi que les répondants camerounais renforcent leurs expressions de préférence moyennant des éléments comme *« nettement »* et *« comme d'habitude »*. D'autres adoucissement leurs énoncés en recourant au conditionnel et aux procédés syntaxiques comme *« je pense que »* et *« je trouve »*.

28) Non gars, **je préfère ne pas prendre**. (FC-O-AM)
29) Patron, je pouvais bien le faire mais **je trouve encore mieux et avantageux le travail à temps partiel**. (FC-O-PAT)

5.3.2.4. Les allusions aux principes

Cette stratégie est une forme de justification destinée à préciser que le refus n'est pas un signe de rejet de l'autre, mais qu'il obéit plutôt à certains principes de vie, à l'éducation reçue, entre autres.

Les choix des Camerounais

Nous avons répertorié au total huit occurrences camerounaises dont l'analyse sémantique révèle que le refus peut être motivé, en fonction des situations, par les habitudes du locuteur, tel qu'illustré en (30), sa culture, tel qu'illustré en (31), entre autres. En (31), le syntagme nominal « *notre coutume* » est employé pour défendre le principe à la base du refus énoncé. Il s'agit ici d'un exemple qui illustre éloquemment l'influence du caractère collectiviste, multiethnique et multiculturel de la société camerounaise sur les pratiques discursives. En effet, nous avons affaire, dans cet exemple, à une interaction entre deux amis qui semblent appartenir à deux groupes ethniques où la perception du prêt d'argent entre proches n'est pas forcément la même. Pour repousser le prêt proposé par son ami, le locuteur se fonde sur les normes culturelles de son groupe ethnique et évite de parler de ses propres habitudes ou principes. Ce procédé a pour effet de donner plus de force au refus sans donner l'impression de minimiser la générosité de l'allocutaire. En d'autres termes, l'attachement aux lois et coutumes de son groupe ethnique, tel qu'exprimé dans cet énoncé, permet au locuteur de protéger sa propre face du locuteur et de préserver la relation avec son ami.

30) Vraiment c'est trop gentil à toi, mais je me sens obligé de refuser **vois-tu ce n'est pas dans mes habitudes d'emprunter.** (FC-O-AM)

31) Merci beaucoup car **notre coutume n'exige pas qu'on fasse des prêts aux prochains même étant dans un état agonisant.**[3] (FC-O-AM)

---

[3] L'énoncé en gras dans cet exemple peut paraitre ambigu. On se demande, en effet, si c'est le potentiel créancier ou le débiteur qui est dans un énant agonisant. Le contexte ici laisse croire qu'il s'agit de celui qui repousse l'offre. Il dit en quelque sorte, qu'il n'est pas disposé, même dans un état critique, à emprunter de l'argent à son ami, et cela conformément à leur coutume.

Les choix des Français

L'analyse sémantique des exemples français révèle le souci d'indépendance financière comme principe déterminant le refus. Les énoncés utilisés à cet effet sont du type *« je n'aime pas X »*, comme le montre l'exemple (32).

32) Non ne t'inquiète pas, je vais me débrouiller, **je n'aime pas avoir de dettes**. (FF-O-AM)

5.3.2.5. Les excuses et regrets

Cette stratégie consiste à souligner que l'on est conscient du désagrément qu'implique le refus pour la face du destinataire et qu'on refuse contre son gré. Cet acte peut précéder le refus direct, comme en (33), ou le refus indirect, tel qu'en (34) ou apparaitre entre le refus direct et le refus indirect, comme le montre (35). On observe que l'excuse est utilisée quatre fois par les Camerounais et deux fois par les Français. S'agissant des structures employées, les Camerounais privilégient les formes contenant le terme *« désolé »* tandis que les Français préfèrent les formes avec *« excuse »*.

33) **Je m'excuse mais** je ne peux pas accepter votre proposition je n'ai pas de moyen de locomotion pour aller là-bas et je dois m'occuper de mes frères et mes sœurs le soir. (FF-O-PAT)

34) **Désolé monsieur**, ma maison est à un pas d'ici. (FC-O-INC)

35) Ça ne m'intéresse pas, **veuillez m'excuser**, mais je me sens très bien dans mon poste actuel. (FF-O-PAT)

5.3.2.6. Les autres types de refus indirects

Les autres types de refus indirects recensés sont des actes menaçants. Il s'agit du reproche, de la minimisation de l'offre et la demande. Ils sont employés uniquement par les Camerounais. Le reproche est attesté trois fois dans la situation 1 et, comme le montre l'exemple (36), les trois énoncés de reproche sont actualisés dans un même macro-acte. Dans cet extrait, les deux premiers reproches expriment la déception du locuteur par rapport au prêt proposé : visiblement, le locuteur s'attendait plutôt à un don et non à un prêt de son ami(e). Avec l'énoncé injonctif *« garde ton argent »*, le locuteur refuse, sous la forme d'une réprimande, l'offre faite par son ami.

36) Donc ça veut dire qu'en tant qu'ami tu ne peux pas me déranger? Par contre tu ne préfères que me prêter. Garde ton argent. (FC-O-AM)

Nous avons ensuite, la combinaison d'une minimisation de l'offre (« *Gars 2000 sont très petits pour résoudre ce problème* ») et d'une demande (« *Peux-tu m'en trouver plus ?* »), tel qu'en (37). A travers le premier acte, le locuteur banalise l'aide proposée et enchaine avec la demande d'une aide financière plus considérable.

37) Gars 2000 sont très petits pour résoudre ce problème. Peux-tu m'en trouver plus? (FC-O-AM)

Pour conclure cette section, mentionnons les exemples (38) et (39), qui représentent une « stratégie d'évitement ». Les locuteurs y ont recours pour éviter de se prononcer en faveur ou contre l'offre d'emploi du patron.

38) Monsieur je vais réfléchir et vous donnez mon point de vue dans quelques jours. (FC-O-PAT)

39) Je vais y réfléchir. (FF-O-PAT)

A la lumière de ce qui précède, on peut dire que les répondants des deux groupes disposent d'un large éventail d'actes de langage pour refuser les offres de manière indirecte. S'ils emploient sensiblement les mêmes types de refus indirects, les contenus, taux d'emploi de ces actes ainsi que leurs formes de réalisation ne sont pas toujours les mêmes. Nous avons aussi pu constater que la plupart des refus indirects produits par les répondants des deux espaces francophones relèvent du travail de figuration destiné à ménager les faces de l'interlocuteur et du locuteur. D'autres types de refus indirects, par contre, sont de nature à mettre les faces en péril. Les locuteurs recourent aussi aux actes subordonnés et à certains procédés lexicaux, morphologiques et syntaxiques pour adoucir ou amplifier la force illocutoire de leurs refus, comme on le verra dans la section suivante.

5.4. L'adoucissement et l'amplification des refus

5.4.1. Les actes subordonnés

Au total, nous avons identifié 61 occurrences d'actes subordonnés chez les Camerounais et 52 chez les Français, comme le montre le Tableau 5.

Tableau 5. Distribution générale des actes subordonnés dans les deux variétés du français

	FC	FF
Gratitude	55 (90.2%)	43 (82.7%)
Valorisations de l'offre	4 (6.5%)	3 (5.9%)
Bonne foi	2 (3.3%)	2 (3.8%)
Salutations	-	2 (3.8%)
Hésitations	-	1 (1.9%)
Regrets	-	1 (1.9%)
Total	**61 (100%)**	**52 (100%)**

On observe que les Camerounais ont employé trois types d'actes subordonnés, notamment *l'expression de la gratitude, la valorisation de l'offre* et *l'expression de bonnes intentions*. Les Français, quant à eux, ont utilisé six types d'actes subordonnés, à savoir *l'expression de la gratitude, la valorisation de l'offre, l'expression de bonnes intentions, les salutations, l'hésitation* et *l'expression du regret*. L'expression de la gratitude est, comme l'indique le Tableau 5, l'acte préféré dans les deux groupes : il représente 82.7% des exemples français et 90.2% des exemples camerounais. On note aussi qu'il y a trois types d'actes subordonnés employés par les Français qui ne sont pas utilisés par les Camerounais. Même si les répondants des deux espaces francophones opèrent sensiblement les mêmes choix en termes de fréquence et de types d'actes subordonnés, les formes de réalisation mises en œuvre de part et d'autre ne sont pas toujours identiques, comme le montrent les analyses qui suivent.

5.4.1.1. Les expressions de gratitude

En recourant aux expressions de gratitude, le locuteur indique qu'il reconnait le bienfait que représente l'offre, en dépit du refus. Ces remerciements constituent donc une certaine flatterie envers l'interlocuteur. Dans les exemples attestés ils apparaissent soit avant soit après un ou plusieurs refus directs ou indirects, tel qu'en (40) et (41). Dans certains cas, deux formules de remerciement sont employées pour augmenter l'effet adoucissant de l'acte flatteur, comme le montre l'exemple (42).

40) **C'est très gentil de ta part** mais non, je ne pourrai pas accepter. (FC-O-AM)
41) Non ce n'est pas nécessaire. Je crois que je pourrai m'en sortir. **Merci tout de même d'y avoir pensé.** (FC-O-AM)

42) **Merci, c'est super gentil** mais je ne peux pas accepter et je vais me débrouiller autrement. (FF-O-AM)

En scrutant les formes de remerciement nous avons relevé quelques différences et similitudes entre les répondants français et camerounais, comme le montre le Tableau 6.

Tableau 6. Distribution des formes de remerciement dans les deux variétés du français

		Cameroun	France
Remerciements directs	Merci	12 (21.8%)	17 (39.6%)
	Merci + beaucoup/tout de même	5 (9.1%)	9 (21%)
	Merci + de + GN/GV	5 (9.1%)	2 (4.6%)
	Merci + monsieur/ma copine	4 (7.3%)	-
	Merci + pour + GN	4 (7.3%)	1 (2.3%)
	Je te/vous remercie	4 (7.3%)	2 (4.6%)
	Merci + beaucoup + monsieur	3 (5.4%)	-
Remerciements indirects	C'est (très) gentil de ta/votre part	13 (23.6%)	8 (18.7%)
	C'est aimable/adorable	3 (5.4%)	2 (4.6%)
	Vous êtes gentil	1 (1.8%)	-
	Ça me touche beaucoup	-	2 (4.6%)
Autres	Je vous revaudrai ça	1 (1.8%)	-
Total		**55 (100%)**	**43 (100%)**

A la lumière des résultats présentés dans le tableau 6, les répondants des deux espaces francophones affichent une préférence nette pour les remerciements directs. En effet, des 55 remerciements produits par les Camerounais, 37 (67.3%) sont des remerciements directs. Sur les 43 remerciements utilisés par les Français, 31 (82.1%) sont des remerciements directs. Le Tableau 6 montre aussi que, dans les exemples camerounais, les formules « *c'est gentil de ta/votre part* » et « *merci* », avec respectivement 23.6% et 21.8% sont les formes préférées, tandis que les répondants français préfèrent la formule « *merci* » (39.6%). La forme « *merci + adverbe* » vient en deuxième position, dans le répertoire français (21%), alors que cette forme occupe, avec 9.1%, plutôt la troisième position dans le répertoire camerounais, loin derrière « *c'est gentil* » (23.6%) et « *merci* » (21.8%). Pendant que « *c'est gentil* » est la forme la plus utilisée par les répondants camerounais, cette forme occupe la troisième position dans les données produites par les répondants français. Dans les exemples camerounais,

« *c'est gentil* » se présente sous les variantes suivantes : « *c'est gentil à vous de m'avoir proposé ce poste* » ; « *vraiment c'est trop gentil à toi* », « *c'est très gentil de ta part* », « *c'est gentil de votre part de vouloir m'aider* », « *c'est gentil de me proposer ton aide* », « *c'est très gentil de votre part monsieur* ».

Les répondants français utilisent « *c'est gentil* » dans les variantes suivantes : « *c'est très gentil de ta part* », « *c'est super gentil* ». Chez les Camerounais, la différence des taux d'emploi de « *c'est gentil* » et « *merci* » n'est pas grande, alors que près de 40% des répondants français privilégient « *merci* » (remerciement direct). A côté des formes déjà mentionnées, les locuteurs des deux variétés utilisent des formes dont les taux d'emploi sont nettement plus bas et divergents. C'est le cas de « *merci + monsieur/ma copine* », « *merci + beaucoup + monsieur* », tel qu'illustré en (43), « *vous êtes gentil* », tel qu'en (44), « *je vous revaudrai ça monsieur* », tel qu'illustré en (45), qui ne sont attestés que chez les Camerounais.

> 43) **Merci beaucoup monsieur, vous êtes gentil.** Ne vous en faites pas surtout pour moi. (FC-O-INC)
>
> 44) Non **merci**, je suis bien ici et **c'est gentil à vous de m'avoir proposé ce poste, je vous revaudrai ça monsieur.** (FC-O-PAT)

Les formules du type « *ça me touche* », tel qu'en (45) ou « *ton X me touche* », tel qu'en (46), sont seulement employées par les Français.

> 45) **Ça me touche beaucoup ma poule merci beaucoup, vraiment**, mais ne t'inquiètes pas je vais trouver une solution, appeler ma famille, car je ne pouvais pas te les rendre avant un long moment. (FF-O-AM)
>
> 46) C'est très gentil mais je n'aime pas dépendre de quelqu'un surtout lorsqu'il s'agit d'argent mais **ton attention me touche énormément** ! (FF-O-AM)

Les formes « *merci + pour + GN* », comme le montre (47), « *merci + de + GN/GV* », tel qu'en (48) sont beaucoup plus employées par les répondants camerounais que par leurs homologues français.

> 47) **Merci pour cette offre monsieur,** mais je ne peux pas accepter car quand je ne suis pas en entreprise, je suis une formation en langue dans un centre linguistique. (FC-)-PAT)
>
> 48) **Merci de ton aide,** mais je ne peux pas accepter. (FF-O-AM)

Finalement, les formes « *c'est aimable/adorable* » et la formule performative « *je te/vous remercie* » sont attestées dans les deux variétés du français, mais elles sont beaucoup plus employées par les Camerounais. Quelques exemples de ces formes sont donnés en (49 – 52).

49) Non merci, **c'est adorable** mais je préfère me débrouiller seule. [FF-O-AM]
50) Non merci, **c'est très aimable de votre part.** (FC-O-INC)
51) **Monsieur, je vous remercie de la proposition** car c'est très important pour mon avenir professionnel mais je ne l'accepterai pas. Ma famille a besoin de moi ici. (FC-O-PAT)
52) C'est une belle perspective, **je vous remercie d'avoir pensé à moi**, je suis toutefois obligé de décliner. (FF-O-PAT)

Nous avons remarqué que les répondants des deux espaces procèdent différemment en ce qui concerne la modalisation de la force illocutoire des actes de remerciement. Nous avons constaté, en effet, que plusieurs répondants camerounais utilisent des appellatifs affectueux tels que « *chère amie* », « *ma copine* », « *mon gars* », etc. dans les remerciements lorsqu'ils repoussent les offres des amis. Ce procédé est employé pour rappeler et valoriser le rapport affectif qui existe les locuteurs et leurs interlocuteurs. Il sert aussi à rassurer ces derniers que le refus, auquel l'acte de remerciement est associé, ne nuit pas à cette relation. Certains Camerounais emploient les termes « *monsieur* » et « *patron* » quand ils refusent les offres de leurs patrons ; ces termes respectueux leur permettent de réaffirmer le statut socio-institutionnel de l'interlocuteur, de projeter l'ethos respectueux des locuteurs-employés et de préserver l'harmonie en entreprise. Les répondants français, par contre, n'utilisent pas autant de termes d'adresse dans leurs expressions de gratitude. Nous en avons dénombré un seul exemple, notamment l'appellatif affectueux « *ma poule* », employé envers un ami, tel qu'illustré en (45).

5.4.1.2. Les valorisations de l'offre

Il s'agit ici d'une stratégie de politesse positive déployée pour indiquer que le refus ne remet pas en cause la qualité de l'offre faite par l'allocutaire. Dans les deux variétés du français, cet acte subordonné accompagne surtout les refus adressés aux patrons. Ce choix pourrait s'expliquer par la nécessité d'une précaution oratoire permettant de dédramatiser un acte potentiellement menaçant pour la face du supérieur hiérarchique. En maximisant les vertus de l'offre, les locuteurs visent à minimiser le fait que celle-ci est refusée.

Pour souligner des vertus de l'offre déclinée afin d'adoucir le refus et flatter la face du supérieur, les répondants camerounais indiquent que l'offre est « *vraiment très intéressante* », tel qu'en (53), « *très importante* », tel qu'en (54), « *flatteuse* », tel qu'en (55) ou « *bien tentante* », tel qu'illustré en (56).

> 53) **Monsieur le poste est vraiment très intéressant mais** voyez-vous, j'ai de très lourdes responsabilités ici dont je ne pourrai m'en détacher. (FC-O-PAT)
> 54) Monsieur, je vous remercie de la proposition car c'est **très important** pour mon avenir professionnel mais je ne l'accepterai pas. Ma famille a besoin de moi ici. (FC-O-PAT)
> 55) **Votre offre me flatte**, mais je ne peux l'accepter car j'aime vivre en famille dans cette ville. (FC-O-PAT)
> 56) Merci pour l'offre, **c'est bien tentant** mais je préfère attendre un taxi. (FC-O-INC)

Les répondants français, quant à eux, présentent l'offre repoussée comme une « *super opportunité* », tel qu'en (57) ou « belle perspective », tel qu'illustré en (58).

> 57) C'est une **super opportunité** mais je ne peux pas partir de Toulouse. (FF-S3)
> 58) C'est une **belle perspective**, je vous remercie d'avoir pensé à moi, je suis toutefois obligé de décliner. (FF-S3)

5.4.1.3. Les expressions de bonne foi

Cette stratégie consiste à rappeler la bonne volonté de coopération du locuteur, en dépit des circonstances actuelles qui ne permettent pas d'accepter l'offre qui est faite. Les formulations employées à cet effet par les répondants des deux groupes sont au présent, tel qu'en (59), au passé, tel qu'illustré en (60) et au conditionnel, tel qu'illustré en (61) et (62).

> 59) **Je suis très intéressée cependant** je me vois obligée de décliner car pour ma vie de famille j'ai besoin de stabilité et je ne peux pas me permettre de changer la ville. (FF-O-PAT)
> 60) **Patron, je pouvais bien le faire mais** je trouve encore mieux et avantageux le travail à temps partiel. (FC-O-PAT)
> 61) **J'aimerais bien mais** quelqu'un viendra me prendre d'ici peu, merci tout de même. (FC-O-INC)
> 62) **Ça aurait été avec plaisir mais** je ne me sens pas encore prête à quitter ma ville. (FF-PAT) 3

5.4.1.4. Les autres types d'actes subordonnés

Nous avons aussi relevé deux salutations de clôture, comme le montrent les exemples (63) et (64) chez les Français. Les locuteurs tentent de montrer moyennant ces actes qu'ils tiennent, à ce que l'échange se termine sur de bonnes bases en dépit du refus.

    63) Merci bien, mais je prendrais un taxi, **bonne journée**. (FF-O-INC)
    64) Non, merci. **Au revoir**. (FF-O-INC)

Mentionnons aussi une hésitation précédant le refus de l'offre d'un chauffeur inconnu (ex. 65) et un autre exemple où le répondant indique qu'il est déçu de devoir décliner l'offre d'emploi à temps plein faite par le patron, tel qu'en (66). Le sentiment de regret sert à indiquer que le locuteur sait que le refus est une information déplaisante. Le regret exprimé fonctionne du même coup comme une demande d'excuse.

    65) **Heu...** Non merci ! (FF-O-INC)
    66) Non merci quand même **c'est dommage**. (FF-O-PAT)

5.4.2. Les adoucisseurs et amplificateurs lexicaux, morphologiques et syntaxiques

Nous avons relevé au total 95 procédés chez les Camerounais et 54 procédés chez les Français. Ces unités lexicales et morphosyntaxiques peuvent être réparties dans les trois sous-classes fonctionnelles suivantes. La première sous-catégorie comprend les modalisateurs internes d'atténuation ou adoucisseurs, la deuxième sous-classe est celle des modalisateurs internes d'intensification ou intensificateurs, alors que la troisième sous-catégorie comprend les modalisateurs internes de durcissement ou durcisseurs. Les adoucisseurs servent à minimiser le poids de la menace que constitue un acte de langage, les intensificateurs sont utilisés pour renforcer la valeur positive des actes de langage flatteurs, tandis que les durcisseurs ont pour fonction est d'amplifier la force illocutoire des actes menaçants.

5.4.2.1. Les adoucisseurs

Les choix des Camerounais

Les Camerounais ont utilisé des adoucisseurs lexicaux tels que « *pour l'instant* », *malheureusement* », « *sincèrement* », des procédés morphologiques tels que le conditionnel du verbe « *pouvoir* » et les procédés syntaxiques tels que « *je me sens/je suis obligé de* », « *il est impossible de* » pour atténuer les refus directs. Considérons à cet effet les exemples suivants.

> 67) Monsieur **pour l'instant** je ne veux pas avoir un travail à temps plein. (FC-O-PAT)
> 68) Je ne **pourrais malheureusement** l'accepter. (FC-O-PAT)

Dans l'exemple (67), le locuteur combine deux adoucisseurs, à savoir « *monsieur* » et « *pour l'instant* » pour réduire les effets négatifs de son refus sur la face de son interlocuteur en position d'autorité. Alors que la forme d'adresse « *monsieur* » sert à exprimer le respect envers le supérieur, la locution adverbiale « *pour l'instant* » sert à indiquer que le locuteur pourrait, dans un avenir plus ou moins proche, revenir sur sa décision, si une autre offre d'emploi lui était faite. Ce procédé lui permet ainsi de protéger sa propre face et de préserver la relation de travail. En (68), la stratégie d'adoucissement consiste à employer le conditionnel du verbe « *pouvoir* » auquel on ajoute l'adverbe « *malheureusement* » qui exprime un sentiment de regret.

Outre les unités lexicales mentionnées plus haut, certains Camerounais emploient des procédés morphosyntaxiques pour adoucir leurs refus. C'est le cas de la formule « *je suis/je me sens obligé de* » qui apparait dans un énoncé performatif explicite et qui sert ici à amener le destinataire à comprendre que le refus se fait indépendamment de la volonté du locuteur, comme l'illustrent (69) et (70).

> 69) Vraiment c'est trop gentil à toi, mais **je me sens obligé de refuser** vois-tu ce n'est pas dans mes habitudes d'emprunter. (FC-O-AM)
>
> 70) C'est si aimable de ta part mon gars mais **sincèrement** je suis obligé de dire non. J'aime pas être redevable. (FC-O-AM)

Dans l'exemple (69), le procédé syntaxique permet de focaliser l'attention du destinataire sur le poids des contraintes qui empêchent l'acceptation de l'offre plutôt que sur le refus en tant que tel. En évoquant, à la suite l'acte direct, ses habitudes ou principes, le locuteur cherche à désamorcer l'offense que pourrait provoquer son refus. En (70), on observe que l'adverbe « *sincèrement* » sert à souligner la sincérité du locuteur par rapport à l'obligation de refuser l'offre qui lui est faite.

Un autre type de procédé morphosyntaxique est illustré en (71) où le locuteur utilise la tournure « *il est impossible de* » au lieu de dire « *je ne peux pas accepter* ». Ce procédé est une stratégie mise en œuvre pour éviter d'assumer explicitement le refus direct et pour détourner l'attention de l'allocutaire vers quelque chose d'impersonnel.

    71) Merci pour votre propos, mais **il est impossible** pour moi d'accepter car je me suis déjà bien adapté ici. (FC-O-PAT)

D'autres adoucisseurs attestés dans les refus indirects des Camerounais sont la formule « *voyez-vous* », tel qu'en (72) et le conditionnel du verbe « *aimer* », tel qu'illustré en (73).

    72) **Voyez-vous**, j'ai de très lourdes responsabilités ici dont je ne pourrai m'en détacher. (FC-O-PAT)

    73) Je n'**aimerais** plus louer dans ma vie. (FC-O-PAT)

Mentionnons aussi les formules introductives contenant des verbes d'opinion telles que « *je pense que* », « *je crois que* » et « *je ne pense pas que* » qui sont utilisées par certains répondants camerounais pour atténuer leurs refus indirects. Concrètement, les répondants y ont recours pour rendre leurs dissuasions moins catégoriques et plus conciliantes, tel qu'en (74) et (75) et pour rendre leurs expressions de préférence moins agressives, tel qu'en (76)

    74) **Je crois que** je pourrai m'en sortir. (FC-O-AM)

    75) **Je ne pense pas que** ce soit une bonne idée que je me déplace. (FC-O-PAT)

    76) **Je pense que** ce serait mieux pour moi d'attendre le taxi comme d'habitude. (FC-O-INC)

Les choix des Français

Les répondants français ont aussi fait usage d'adoucisseurs divers pour atténuer les refus directs et les refus indirects (notamment les justifications). Parmi ces procédés d'atténuation, on peut citer l'adverbe « *malheureusement* », les formules « *je suis obligé de* », « *je me vois obligé de* », comme le montrent les exemples (77), (78) et (79).

    77) Je vous remercie pour votre offre mais **malheureusement** je ne pourrai accepter car je ne peux pas quitter cette ville comme ça. (FF-O-PAT)

78) Je ne préfère pas prendre ce risque d'une dette, des imprévus **pourraient** m'empêcher de rembourser. (FF-O-AM)
79) C'est une belle perspective, je vous remercie d'avoir pensé à moi, je **suis toutefois obligé de** décliner. (FF-O-PAT)

Certains Français recourent aux formules impersonnelles comme « *il m'est impossible de* », tel qu'en (80), utilisent les verbes « *pouvoir* » et « *prendre* » au conditionnel et le verbe « *pouvoir* » au passé comme procédés adoucissants.

80) **Malheureusement** je ne pourrai pas. J'ai toute ma vie ici. **Il m'est impossible** de tout changer. (FF-O-PAT)

5.4.2.2. Les amplificateurs

5.4.2.2.1. Les intensificateurs

Les intensificateurs identifiés dans les exemples camerounais et français sont des procédés qui renforcent la connotation positive de certains actes de langage. Parmi ces intensificateurs on peut citer les adverbes d'intensité comme « *vraiment* », « *très* », « *beaucoup* », etc. qui sont récurrents dans les formulations indirectes et les actes subordonnés. Leur emploi permet aux répondants des deux espaces d'intensifier la valeur positive des justifications, dissuasions et remerciements dans l'optique d'amadouer l'interlocuteur dont l'offre est repoussée. L'on note aussi le recours aux adverbes et locutions adverbiales temporels comme « *d'ici peu de temps* », « *d'une minute à l'autre* », etc. dont la fonction est la spécification temporelle des actions décrites dans les justifications, les principes et les dissuasions.

Les choix des Camerounais

Parmi les intensificateurs employés par les Camerounais on peut citer les adverbes tels que « *surtout, encore, bientôt, très, déjà, bien, généralement, même, vraiment, jamais, forcément, autrement, nettement, beaucoup, gracieusement, trop,* » et les locutions adverbiales telles que « *pour le moment, à une certaine heure, dans quelques minutes, dans quelques jours, d'ici peu de temps, tout seul, comme d'habitude, une autre fois, tout de même* ». On retrouve majoritairement les intensificateurs temporels dans les justifications, comme l'illustrent (81), (82) et (83).

81) Je pense que **d'ici peu de temps** la situation va se décanter. (FC-O-AM)
82) Non merci j'attends mon grand frère. Il viendra **dans quelques minutes**. (FC-O-INC)
83) Monsieur je vais réfléchir et vous donnez mon point de vue **dans quelques jours**. (FC-O-PAT)

Les intensificateurs sont aussi employés dans les dissuasions, tel qu'en (84) et les allusions aux principes, tel qu'en (85) et (86). En (85), l'adverbe «*forcément*» est employé pour exalter la conviction qui anime le locuteur en ce qui concerne la solution à son problème. La conviction ainsi exprimée remplit ici une fonction persuasive d'autant plus que l'interlocuteur est appelé à ne pas s'inquiéter pour son vis-à-vis. Dans l'exemple (85), l'adverbe «*généralement*» sert à indiquer que le principe énoncé est valable à tout moment. En (86), l'adverbe «*même*» sert à indiquer qu'il n'y a pas d'exception à la règle énoncée.

84) Je trouverai **forcément** un autre moyen. (FC-O-AM)
85) **Généralement** je n'aime pas le crédit. (FC-O-AM)
86) Notre coutume n'exige pas qu'on fasse des prêts aux prochains **même** étant dans un état agonisant. (FC-O-AM)

Il y a aussi plusieurs exemples où les locuteurs renforcent leurs remerciements moyennant des adverbes, tel qu'en (87) et (88).

87) Oh! C'est **très** aimable de votre part patron. (FC-O-PAT)
88) Je t'en remercie **gracieusement**. (FC-O-AM)

Certains répondants camerounais combinent les adoucisseurs et intensificateurs dans un même énoncé, tel qu'illustré en (89).

89) Non merci! C'est gentil de ta part mais **je pense que d'ici peu de temps** la situation va se décanter et tout ira bien. (FC-S1)

En (89), on remarque que l'adoucissement du refus s'effectue de diverses manières. Le locuteur atténue dans un premier temps le refus direct (« non ») moyennant deux actes de remerciement (« merci », « c'est gentil de ta part mais »), lesquels sont suivis de deux actes de dissuasion (« je pense que d'ici peu de temps la situation va se décanter », « tout ira bien ») pour rassurer son interlocuteur que le problème sera résolu. On note que dans le premier acte de dissuasion que la locution adverbiale « *d'ici peu de temps* » est employée pour exprimer l'imminence de la solution au problème d'argent tandis que « *je pense que* » adoucit le même énoncé.

Les choix des Français

Les intensificateurs employés par les Français apparaissent dans les justifications, tel qu'en (90) et (91), les dissuasions, tel qu'illustré en (92) et les remerciements, tel qu'en (93).

> 90) Mon papa m'a **toujours** appris à ne **jamais** monter en voiture avec un inconnu. (FF-O-INC)
> 91) J'attends un taxi qui doit venir me chercher **d'une minute à l'autre**. (FF-O-INC)
> 92) Je vais me débrouiller **par moi-même**. (FF-O-AM)
> 93) C'est **très** gentil mais je n'aime pas dépendre de quelqu'un **surtout** lorsqu'il s'agit d'argent mais ton attention me touche **énormément** ! (FF-O-AM)

5.4.2.2.2. Les durcisseurs

Nettement moins nombreux que les adoucisseurs et les intensificateurs, les durcisseurs ont pour effet de renforcer les actes jugés menaçants pour la face de l'interlocuteur. Dans le corpus camerounais, ils sont attestés dans les refus directs, tel qu'en (94), les reproches, comme le montre (95) et la minimisation de l'offre, tel qu'illustré en (96).

> 94) C'est gentil de votre part mais **de toute façon** je ne peux pas. (FC-O-INC)
> 95) Ce n'est pas toi qui m'amène **souvent**. (FC-O-INC)
> 96) Gars 2000 sont **très** petits pour résoudre ce problème. (FC-O-AM)

En (94), le refus direct « *de toute façon je ne peux pas* » est précédé d'un remerciement qui l'adoucit. Ce qui est intéressant de souligner ici c'est la locution adverbiale « *de toute façon* » dans l'acte central. Par ce procédé lexical, le locuteur indique que son refus est irréversible, même s'il reconnaît le bienfait que représente l'offre que lui fait son vis-à-vis. En (95), le locuteur refuse l'offre d'être raccompagné par un chauffeur inconnu en signifiant à ce dernier qu'il peut se passer de l'offre. En (96), le locuteur minimise le montant proposé par son ami. Le seul durcisseur dans le corpus français est la locution « *avec un inconnu* », tel qu'en (97) où l'expression renforce l'allusion au principe énoncée par le locuteur.

> 97) Merci, c'est gentil mais non mon taxi ne va pas tarder, et puis mon papa m'a toujours appris à ne jamais monter en voiture **avec un inconnu**. (FF-O-INC).

L'analyse de la distribution des modalisateurs internes selon les types d'actes dans lesquels ils sont employés révèlent quelques différences entre les deux variétés du français, comme le montre le tableau 7.

Tableau 7. Distribution des adoucisseurs, intensificateurs et durcisseurs dans les deux variétés du français

		Adoucisseurs		Intensificateurs / Durcisseurs	
		FC	FF	FC	FF
Refus directs		8	7	1	-
Refus directs	Justification	3	6	13	18
	Dissuasion	4	-	7	3
	Préférence	-	-	4	1
	Principe	-	-	5	1
	Reproche	-	-	1	-
	Excuse/regret	-	-	2	-
	Minimisation de l'offre	-	-	1	-
	Evitement	-	-	1	-
	Demande	-	-	-	-
Actes subordonnés	Remerciement	-	-	35	17
	Bonne foi	2	-	3	1
	Valorisation de l'offre	-	-	5	-
Total		17	13	78	41

Le tableau 7 indique que les répondants camerounais ont employé plus d'adoucisseurs que leurs homologues français. Les adoucisseurs camerounais apparaissent dans les refus directs, les justifications, les dissuasions et les expressions de bonne foi. Dans les exemples français, par contre, les adoucisseurs sont employés dans les refus directs et les justifications. Le tableau 7 montre aussi que le taux d'emploi des intensificateurs et durcisseurs chez les Camerounais est près de deux fois plus élevé que celui des Français. Dans les deux groupes, les intensificateurs sont nettement plus utilisés que les durcisseurs : les Camerounais ont produit 75 intensificateurs et 3 durcisseurs, alors que les Français ont employé 40 intensificateurs et un seul durcisseur.

Chez les Camerounais, les deux actes les plus renforcés sont les remerciements et les justifications. On observe ainsi que les expressions de gratitude des Camerounais sont deux fois plus intensifiées que leurs justifications. Chez les Français, par contre, il n'y a pas de différence majeure entre les taux d'emploi des deux actes les plus renforcés, notamment les justifications et les remerciements. Signalons aussi que 35 (87.5%) des 40 intensificateurs produits par les Français apparaissent dans deux actes de langage, alors que 52 (69.3%) des 75 intensificateurs produits par les répondants camerounais sont attestés dans deux actes de langage. Les autres cinq intensificateurs du répertoire français sont utilisés dans les dissuasions, une expression de préférence et une expression de bonne foi. Dans les exemples camerounais, les 23 autres intensificateurs sont employés, entre autres, dans les dissuasions, les allusions aux principes, les expressions de préférence et de bonne foi, les valorisations de l'offre. Outre le nombre élevé des modalisateurs internes employés par les Camerounais, on note que leur emploi est beaucoup plus varié en ce qui concerne les types d'actes dans lesquels ils sont utilisés.

5.5. Les formes d'adresse

L'analyse des formes d'adresse dans les deux variétés de français révèle des différences quantitatives et qualitatives qui méritent quelques commentaires. Le tableau 8 résume les choix des Camerounais et Français.

Tableau 8. Distribution des formes d'adresse dans les deux variétés du français

	S1-Ami(e)		S2-Inconnu(e)		S3-Patron(ne)	
	FC	FF	FC	FF	FC	FF
Tu	15	14	1	-	-	-
Vous	-	-	10	-	12	5
Ma copine	1	-	-	-	-	-
(Mon) gars	2	-	-	-	-	-
Ma poule	-	1	-	-	-	-
Chère amie	1	-	-	-	-	-
Monsieur	-	-	5	-	9	-
Patron	-	-	-	-	1	-
Total	19	15	16	-	22	5

Les choix des Camerounais

Les répondants camerounais ont employé au total 57 formes d'adresse, dont 38 formes pronominales (66.5%) et 19 formes nominales (33.5%). Parmi les formes pronominales, on compte 16 (28%) exemples de « tu » et 22 (38.5%) occurrences de *« vous »*. Alors que le « *vous* » est employé envers les personnes inconnues et les patrons, le pronom « *tu* » est surtout utilisé envers les amis. Le « *vous* » sert à exprimer le respect de la distance sociale et de la position haute du supérieur (situation 3) tandis que le pronom « *tu* » est indicateur de la relation amicale/familière (situation 1). Le pronom « *tu/toi* » est employé une fois envers une personne inconnue, notamment dans l'énoncé « *ce n'est pas toi qui m'amène souvent* ». Le pronom « *toi* » sert à durcir le reproche formulé dans cet exemple. Au niveau des formes nominales, on relève l'emploi abondant des termes honorifiques « *monsieur* » et « *patron* » envers les interlocuteurs en position d'autorité et l'utilisation du terme « *monsieur* » à l'égard des personnes inconnues. Les formes nominales affectives comme « *mon gars* », « *ma copine* » sont employées envers les amis.

Les choix des Français

Chez les Français, il y a au total 20 formes d'adresse, dont 19 (95%) formes pronominales et une (5%) forme nominale. Comme chez les Camerounais, les Français utilisent le pronom « *tu* » envers leurs amis. Le pronom « *vous* », par contre, ne s'utilise qu'envers les patrons. La seule forme nominale « *ma poule* », qui représente une forme affective, est utilisée envers un ami. Alors qu'il y a 16 formes d'adresse employées par les Camerounais envers des personnes inconnues, il n'y a aucune forme d'adresse attestée dans même situation du côté français. Quand ils repoussent les offres des chauffeurs inconnus, les Français évitent de nommer l'allocutaire. On peut postuler que la distance sociale et le type d'offre sont deux facteurs qui représentent une menace pour la face négative des destinataires d'une telle offre. Pour réagir à une telle menace, les destinataires semblent préférer se concentrer plus sur l'acte de refus que sur l'interlocuteur.

5.6. Conclusion

Le but de ce chapitre a été de présenter et de comparer les formulations employées par des répondants camerounais et français quand ils refusent des offres. Les analyses présentées montrent que les répondants des deux groupes perçoivent le refus comme un acte menaçant tel que le suggèrent Brown et Levinson (1987). Pour cette raison, ils mobilisent divers types de procédés susceptibles d'atténuer leurs refus. Les données recueillies montrent que pour atténuer leurs refus les locuteurs privilégient des formulations indirectes et des stratégies de politesse orientées sur la face positive et sur la face négative de leur allocutaire. Celles-ci se manifestent au niveau des refus directs, des refus indirects, des actes complémentaires et des modificateurs internes.

L'analyse des actes centraux révèle que les répondants des deux espaces francophones recourent à diverses stratégies pour exprimer leurs refus directement ou indirectement. Globalement, les Français et les Camerounais utilisent beaucoup plus les stratégies indirectes que les stratégies directes, même si les proportions de ces stratégies ne sont pas équivalentes dans les deux espaces francophones. L'analyse des réalisations des actes centraux révèle l'emploi de formulations ou stratégies directes et indirectes. En ce qui concerne les formulations indirectes, nous avons surtout noté divers types de précautions oratoires manifestes dans les actes de langage tels que les justifications, les dissuasions, les excuses, les allusions aux principes et préférences, entre autres.

L'analyse des actes subordonnés montre que les répondants français et camerounais combinent le plus souvent leurs refus directs et indirects aux actes subordonnés tels que les remerciements, les valorisations de l'offre, les expressions de bonne intention, etc. En somme, les locuteurs interrogés utilisent différents types d'actes de langage comme actes subordonnés aux refus directs et indirects. Les répondants des deux groupes recourent, à quelques exceptions près, aux mêmes types d'actes subordonnés. Mais cette similitude n'occulte pas un certain nombre de différences quand on considère les formes de réalisation et la distribution situationnelle des actes subordonnés dans les deux groupes. On a aussi observé que les procédés morphologiques, syntaxiques et lexicaux (les modifications internes), mobilisés pour atténuer ou renforcer les refus directs, les refus indirects et les actes complémentaires ne sont pas toujours les mêmes dans les deux variétés de français étudiées.

Chapitre 6 : Comparaison de la variation des stratégies selon les types d'actes initiateurs

6.1. Introduction

Après avoir décrit la manière dont les répondants français et camerounais repoussent les offres, invitations et demandes d'aide formulées à leur égard, voici venu le moment d'une synthèse des résultats obtenus dans les chapitres précédents. Cette synthèse mettra particulièrement en lumière l'impact des types d'actes initiateurs sur le choix des types d'actes employés (section 1), l'emploi des actes centraux (section 2), notamment les refus directs (2.1) et les refus indirects (2.2), l'emploi des actes subordonnés (section 3) et l'utilisation des formes d'adresse (section 4).

6.2. Variation des types d'actes employés

Considérons tout d'abord le Tableau 1 qui résume la distribution des actes dans les deux variétés du français.

Tableau 1. Distribution des types d'actes

Type d'acte		Cameroun	France
Actes centraux	Refus directs	93 (18%)	92 (20.7%)
	Refus indirects	309 (60%)	260 (58.4%)
Actes subordonnés		114 (22%)	93 (20.9%)
Total		516 (100%)	445 (100%)

Sur les 516 actes employés par les répondants camerounais, 402 (78%) sont des actes centraux et 114 (22%) sont des actes subordonnés. Concernant la répartition des actes centraux en stratégies directes et indirectes, le Tableau 1 montre que 93 (18%) énoncés employés par les Camerounais sont des refus directs et 309 (60%) sont des refus indirects. Sur les 445 actes utilisés par les informateurs français, 352 (79.1%) sont des actes centraux et 93 (20.9%) sont des actes subordonnés. Des 309 actes centraux produits par les Français, il y a 92 (20.7%) refus directs et 260 (58.4%) refus indirects. Globalement donc, les Camerounais ont produit plus d'actes que leurs homologues français. Les répondants des deux groupes font nettement plus appel aux actes centraux qu'aux actes subordonnés lorsqu'ils énoncent leurs refus. Au niveau des types d'actes centraux employés, le tableau 1 indique que les Camerounais emploient légèrement plus d'actes centraux indirects (refus indirects) que les Français (Cameroun : 60% vs France : 58.4%) et que les Français sont légèrement plus directs que les Camerounais (France : 20.7% vs Cameroun : 18%). Pour ce qui est des actes subordonnés, on remarque que les Camerounais sont légèrement plus productifs que les Français (Cameroun : 22% vs France : 20.9%).

Nous avons aussi relevé des similitudes et différences en ce qui concerne l'emploi des types d'actes selon que les répondants des deux groupes repoussent les demandes, invitations et offres. Les tableaux 2 et 3 résument les choix des Camerounais et Français, respectivement.

Tableau 2. Distribution situationnelle des types d'actes en français du Cameroun

		Demandes	Invitations	Offres	Total
Actes centraux	Refus directs	26	37	30	93 (18%)
	Refus indirects	139	98	72	309 (60%)
Actes subordonnés		12	41	61	114 (22%)
Total		177	176	163	516 (100%)

En regardant le tableau 2, on se rend compte que sur les 93 refus directs employés par les Camerounais, 37 (39.8%) sont déployés lorsque ces derniers déclinent les invitations, 30 (32.3%) sont utilisés pour refuser les offres et 26 (28%) sont mis en œuvre pour repousser les demandes d'aide. En clair, les Camerounais sont plus directs lorsqu'ils refusent les invitations. Le Tableau 2 montre aussi que sur les 309 refus indirects mobilisés par les Camerounais, 139 (45%) sont utilisés pour opposer un refus aux demandes d'aide, 98 (31.7%) sont employés pour décliner les invitations et 72 (23.3%) sont produits lorsqu'il s'agit de refuser des offres. On remarque donc que les locuteurs du français du Cameroun font nettement plus appel aux refus indirects lorsqu'ils repoussent des demandes d'aide. En ce qui concerne l'emploi des actes subordonnés, on apprend du Tableau 2 que sur les 114 exemples attestés, 61 (53.5%) actes apparaissent dans les situations de refus des offres, 41 (36%) sont utilisés avec les refus d'une invitation et seulement 12 (10.5%) actes sont actualisés lorsque les

Camerounais refusent les demandes. Qu'en est-il des choix opérés par les Français ? Le tableau 3 nous en donne un aperçu.

Tableau 3. Distribution situationnelle des types d'actes en français de France

		Demande	Invitation	Offre	Total
Actes centraux	Refus directs	19	37	36	92 (20.7%)
	Refus indirects	114	71	75	260 (58.4%)
Actes subordonnés		8	33	52	93 (20.9%)
Total		141	141	163	445 (100%)

Le tableau 3 indique que sur les 92 refus directs produits par les Français, 37 (40.3%) sont utilisés pour refuser les invitations, 36 (39%) sont mis en œuvre pour décliner des offres et 19 (20.7%) sont utilisés pour dire non aux demandes d'aide. On peut conclure que les Français sont plus directs lorsqu'ils déclinent les offres et invitations. En ce qui concerne le recours aux refus indirects, le tableau 3 montre que sur les 260 exemples employés par les Français, 114 (43.8%) sont déployés pour refuser les demandes d'aide, 75 (28.8%) sont utilisés quand il s'agit de décliner les offres et 71 (27.4%) sont utilisés pour repousser les invitations. Tout comme leurs homologues camerounais, les répondants français emploient plus fréquemment les refus indirects lorsqu'ils refusent des demandes d'aides. Par rapport aux actes subordonnés, on constate que sur les 93 occurrences attestées, 52 (56%) sont employées lorsque les Français refusent les offres, 33 (35.4%) sont mises en œuvre pour repousser les invitations et 8 (8.6%) accompagnent les refus des demandes d'aide. On peut en conclure que les Français sont plus productifs en actes subordonnés lorsqu'ils refusent les offres, tout comme leurs homologues camerounais.

6.3. Variation des actes centraux

Il convient de rappeler que les actes centraux peuvent se réaliser moyennant des stratégies directes (ou refus directs) et des stratégies indirectes (ou refus indirects).

6.3.1. Variation des stratégies directes

Rappelons que nous entendons par stratégies directes tous les types de refus directs. La fréquence des stratégies directes et leur distribution en fonction des trois actes initiateurs des refus sont présentées dans les tableaux 4 et 5. Nous allons d'abord commenter la distribution des stratégies directes en français du Cameroun, telle que présentée dans le tableau 4.

Tableau 4. Distribution des stratégies directes en français du Cameroun

Type de stratégie directe	Demandes	Invitations	Offres	Total
Non	3	2	14	19 (20.4%)
Impossibilité	18	34	11	63 (67.8%)
Manque d'intérêt	-	1	2	3 (3.2%)
Performatif	5	-	3	8 (8.6%)
Total	26	37	30	93 (100%)

Le Tableau 4 nous inspire des commentaires à deux niveaux. Premièrement, on observe que des 93 refus directs employés par les Camerounais, 19 (20.4%) sont des « non », 63 (67.8%) sont des énoncés qui expriment l'impossibilité d'accepter les demandes, invitations et offres formulées par les interlocuteurs, 3 (3.2%) sont des énoncés de manque d'intérêt par rapport aux offres et invitations et 8 (8.6%) sont des énoncés performatifs. Il est clair que, lorsque les Camerounais refusent des demandes, invitations et offres, ils préfèrent de loin évoquer l'impossibilité d'y répondre favorablement.

Deuxièmement et s'agissant de la distribution des types de stratégies directes en fonction des types d'actes initiateurs, le Tableau 4 montre que des 19 occurrences de « non » attestées, 14 (73.7%) sont utilisées pour refuser les offres, 2 (10.5%) sont employées pour repousser les invitations et 3 (15.8%) sont actualisées pour refuser les demandes d'aide. Sur les 63 énoncés d'impossibilité, 34 (54%) sont mobilisés pour refuser les invitations, 18 (28.5%) sont employés pour refuser les demandes et 11 (17.5%) sont utilisés pour repousser les offres. Ce résultat semble indiquer que, si les répondants camerounais sont généralement enclins à mentionner l'impossibilité de répondre favorablement aux demandes, invitations et offres de leurs interlocuteurs, cette stratégie est plus fréquente lorsque ces derniers répondent aux invitations. Le tableau 4 révèle aussi que les énoncés de manque d'intérêt ne sont employés que pour repousser les offres et invitations. Sur les 8 énoncés performatifs attestés, 5 (62.5%) sont utilisés pour refuser les demandes tandis que 3 (37.5%) sont mis en œuvre pour décliner les offres.

Penchons-nous maintenant sur le cas des informateurs français, en observant le tableau 5 qui donne un aperçu de leurs choix de stratégies directes.

Tableau 5. Distribution des stratégies directes en français de France

Type de stratégie directe	Demandes	Invitations	Offres	Total
Non	5	2	22	29 (31.5%)
Impossibilité	13	34	8	55 (59.8%)
Manque d'intérêt	-	-	3	3 (3.3%)
Performatif	1	1	3	5 (5.4%)
Total	19	37	36	92 (100%)

On note tout d'abord que sur les 92 refus directs produits par les Français, 29 (31.5%) sont du type « non », 55 (59.8%) sont des énoncés de l'impossibilité de répondre favorablement aux demandes, invitations et offres des interlocuteurs, 3 (3.3%) sont des énoncés de manque d'intérêt et 5 (5.4%) sont des énoncés performatifs. On constate que les Français ont produit beaucoup plus de refus directs du type « non » que les Camerounais (France : 31.5% vs Cameroun : 20.4%), tandis que le taux d'emploi des énoncés d'impossibilité est beaucoup plus élevé chez les Camerounais (Cameroun : 67.8% vs France : 59.8%). Alors que la fréquence des énoncés de manque d'intérêt est la même de part et d'autre, on observe que la fréquence des énoncés performatifs est beaucoup plus élevé chez les Camerounais (Cameroun : 8.6% vs France : 5.4%).

En ce qui a trait à la distribution des stratégies directes selon les types d'actes initiateurs, le tableau 5 montre que sur les 29 occurrences du « non » 22 (75.8%) sont employés lorsque les Français repoussent les offres, 5 (17.2%) s'utilisent pour refuser les demandes d'aide et 2 (7%) sont mobilisées pour décliner les invitations. On note, à ce niveau, que les Français et les Camerounais emploient plus fréquemment le « non » quand il s'agit de repousser les offres. Par rapport aux stratégies consistant à évoquer l'impossibilité, le tableau 5 nous informe que les Français présentent les mêmes préférences que les Camerounais. On voit, en effet, que sur les 55 exemples produits par les Français, 34 (61.8%) sont employés pour refuser les invitations, 13 (23.6%) sont déployés pour refuser les demandes et 8 (14.6%) sont utilisés lorsque les Français répondent négativement aux offres. Les trois expressions de manque d'intérêt sont utilisées pour refuser les offres. Des 5 énoncés performatifs attestés, 3 (60%) sont employés pour repousser les offres, 1 (20%) est mobilisé pour réagir à un demande et 1 (20%) s'emploie pour décliner une invitation.

6.3.2. Variation des stratégies indirectes

L'analyse de la distribution des stratégies indirectes montre que les types d'actes initiateurs du refus influent sur le choix des répondants camerounais et français. Les Tableaux 6 et 7 présentent la fréquence et la distribution selon les types d'actes initiateurs respectivement en français du Cameroun et en français de France. Commençons par les choix des Camerounais interrogés, tels que présentés dans le tableau 6.

Tableau 6. Distribution des stratégies indirectes en français du Cameroun

Type de stratégie indirecte	Demandes	Invitations	Offres	Total
Justifications	57	45	28	130 (42%)
Excuses et regrets	39	31	4	74 (24%)
Reproches	23	-	4	27 (8.8%)
Suggestions et conseils	13	5	-	18 (5.8%)
Promesses	3	12	-	15 (4.9%)
Principes	1	3	8	12 (3.9%)
Préférences	2	-	6	8 (2.6%)
Évitements	1	-	1	2 (0.6%)
Vœux	-	1	-	1 (0.3%)
Dissuasions	-	1	19	20 (6.5%)
Demandes	-	-	1	1 (0.3%)
Minimisations	-	-	1	1 (0.3%)
Total	139	98	72	309 (100%)

Comme on peut le voir, les Camerounais ont choisi au total douze types d'actes de langage pour réaliser leurs refus indirectement. On s'aperçoit aussi que les justifications sont, avec 130 exemples (42%), la stratégie indirecte la plus utilisée. Des 130 justifications relevées, 57 (43.8%) sont employées lorsque les Camerounais refusent les demandes, 45 (34.6%) sont énoncées comme refus des invitations et 28 (21.6%) sont actualisées pour repousser les offres. Les excuses et regrets sont, avec 74 exemples (24%0, la deuxième stratégie la plus mise en œuvre. Sur les 74 excuses et regrets inventoriés, 39 (52.7%) sont destinés aux interlocuteurs qui formulent des demandes d'aide, 31 (41.9%) sont utilisés quand les Camerounais refusent les invitations et seulement 4 (5.4%) sont produits lorsque ces derniers refusent les offres. Des 27 reproches que compte le répertoire camerounais, on note que 23 (85.2%) sont adressés aux allocutaires qui font des demandes d'aide tandis que 4 (14.8%) sont destinés aux interlocuteurs dont les offres sont repoussées. En quatrième position viennent les dissuasions : des 20 dissuasions actualisées, 19 (95%) sont destinées aux interlocuteurs qui font des offres et il y a une dissuasion (5%) énoncée envers un allocutaire qui fait une invitation. Les suggestions et conseils constituent la cinquième stratégie préférée des Camerounais. Des 18 occurrences attestées, 13 (72.3%) sont employées pour refuser les demandes tandis que 5 (27.8%) sont produits lorsque les répondants refusent les invitations. Il y a 15 promesses dans l'inventaire des refus indirects, dont 12 (80%) faites à l'endroit des interlocuteurs qui font des invitations et 3 (20%) destinées aux allocutaires qui font des demandes d'aide. Ensuite viennent les allusions aux principes qui sont attestées 12 fois. De ces 12 exemples, 8 (66.7%) sont employés lorsque les répondants refusent les offres, 3 (25%) sont utilisées quand il s'agit de refuser les invitations et une (8.3%) allusion est actualisée comme réaction à une demande d'aide. Des 8 expressions de préférence attestées, il y a 6 (75%) qui sont employées pour refuser les offres et 2 (25%) qui sont destinées aux interlocuteurs qui expriment des demandes d'aide. Les autres quatre types de refus indirects présentent chacun un taux d'emploi de moins de 2%. C'est le cas des évitements (0.6%), vœux (0.3%), demandes (0.3%) et minimisations (0.3%).

Quel est le portrait des choix opérés par les Français par rapport aux types de refus indirects? Le tableau 7 nous donne quelques éléments de réponse à cette question.

Tableau 7. Distribution des stratégies indirectes en français de France

Type de stratégie indirecte	Demandes	Invitations	Offres	Total
Justifications	52	28	45	125 (48%)
Excuses et regrets	36	30	2	68 (26%)
Reproches	15	-	-	15 (5.7%)
Suggestions et conseils	9	6	-	15 (5.7%)
Promesses	2	7	-	9 (3.6%)
Principes	0	-	3	3 (1.2%)
Préférences	0	-	6	6 (2.4%)
Évitements	0	-	1	1 (0.4%)
Dissuasions	-	-	18	18 (7%)
Total	114	71	75	260 (100%)

Le tableau 7 indique que les répondants français ont choisi neuf types d'actes de langage pour exprimer leurs refus indirectement. Des 260 refus indirects recensés, les justifications sont, avec 125 exemples (48%), les actes les plus sollicités. En comparant les choix des stratégies indirectes chez les Camerounais et Français, on relève que les justifications représentent la stratégie préférée de part et d'autre et que les répondants français se justifient nettement plus que leurs homologues camerounais (France : 48% vs Cameroun : 42%). Le tableau 7 montre aussi que des 125 justifications énoncées par les Français, 52 (41.6%) sont employées pour refuser les demandes d'aide, 45 (36%) sont actualisées pour repousser les offres et 28 (22.4%) sont déployées pour décliner les invitations. Les excuses et regrets sont, avec 68 (26%) occurrences, la deuxième stratégie indirecte préférée des Français, tout comme chez les Camerounais. On note cependant que la fréquence de cette stratégie est légèrement plus élevée chez les Français (France : 26% vs Cameroun : 24%). Des 68 excuses et regrets utilisés, les résultats présentés dans le tableau 7 montrent que 36 (53%) sont employés pour refuser les demandes, 30 (44%) sont exprimés à l'endroit des interlocuteurs pour qui font des invitations et 2 (3%) sont adressés aux interlocuteurs qui font des offres. D'une manière générale, les Camerounais et les Français utilisent beaucoup moins les excuses et regrets lorsqu'ils opposent un refus aux offres qui leur sont faites. Les dissuasions constituent, avec 18 occurrences (7%), la troisième stratégie la plus fréquemment utilisée par les

Français et on s'aperçoit que toutes les dissuasions du répertoire sont employées pour décliner les offres. Les reproches et les suggestions et conseils représentent, avec respectivement 15 exemples (5.7%), la quatrième stratégie indirecte chez les Français. Tous les reproches attestés sont utilisés à l'égard des allocutaires qui formulent des demandes. Des 15 suggestions et conseils identifiés, 9 sont adressés aux interlocuteurs qui font des demandes d'aide et 6 sont employés pour refuser les invitations. Les autres actes de langage présentent des taux d'emploi respectifs de moins de 5%. C'est le cas des promesses (3.6%), expressions de préférence (2.4%), allusions aux principes (1.2%) et évitements (0.4%).

6.4. Variation des actes subordonnés

Le Tableau 8 présente la distribution des actes subordonnés en français du Cameroun et le Tableau 9 présent la distribution des actes subordonnés en français de France. Commentons tout d'abord les choix des répondants camerounais, en nous appuyant sur le tableau 8.

Tableau 8. Distribution des actes subordonnés en français du Cameroun

Type d'acte subordonné	Demandes	Invitations	Offres	Total
Gratitude	1	16	55	72 (63.3%)
Bonne foi	10	12	2	24 (21%)
Encouragement /Exhortation	1	-	-	1 (0.9%)
Demande /Question	-	4	-	4 (3.5%)
Bon souhait/Vœu	-	4	-	4 (3.5%)
Valorisation	-	3	4	7 (6%)
Savoir partagé	-	1	-	1 (0.9%)
Déception	-	1	-	1 (0.9%)
Total	12	41	61	114 (100%)

On note que les Camerounais ont utilisé huit types d'actes de langage comme actes subordonnés. L'expression de la gratitude représente, avec 72 énoncés, l'acte subordonné le plus fréquemment mobilisé. Cet acte représente plus de 2/3 (63.3%) du répertoire des actes subordonnés camerounais. En regardant de près la distribution de cet acte selon les types d'actes initiateurs des refus, on note que des 72 remerciements attestés, 55 (76.4%) sont employés envers les interlocuteurs qui font des offres, 16

(22.2%) sont utilisés à l'endroit des allocutaires qui font des invitations et il y a une (1.4%) seule expression de gratitude employée pour refuser une demande. L'expression de bonne foi est, avec 24 (21%) occurrences, le deuxième type d'acte employé comme acte subordonné. Des 24 expressions de bonne foi identifiées, 12 (50%) sont actualisées quand les Camerounais refusent les invitations, 10 (41.7%) sont utilisées pour accompagner les refus de demandes d'aide et deux (8.3%) sont employées pour amortir les refus d'offres. Le troisième acte subordonné préféré des Camerounais est l'acte de valorisation, lequel est actualisé pour accompagner les refus d'offres (4 occurrences) et les refus d'invitations (3 exemples). Les autres types d'actes subordonnés présentent des taux d'emploi nettement plus bas. On remarque que les demandes, questions, bons souhaits et vœux, l'allusion à un savoir partagé et l'expression de la déception sont exclusivement produits quand les Camerounais refusent les invitations. L'exhortation est employée pour accompagner une demande d'aide.

Pour ce qui est des choix effectués par les répondants français, le tableau 9 nous montre que les Français ont employé douze types d'actes de langage comme actes subordonnés.

Tableau 9. Distribution des actes subordonnés en français de France

Type d'acte subordonné	Demandes	Invitations	Offres	Total
Gratitude	-	5	43	48 (51.6%)
Bonne foi	6	12	2	20 (21.6%)
Demandes et Questions	-	6	-	6 (6.4%)
Valorisations		3	3	6 (6.4%)
Salutation de clôture	-	2	2	4 (4.3%)
Déception	-	3	-	3 (3.2%)
Exclamation	-	1	-	1 (1.05%)
Encouragement	1	-	-	1 (1.05%)
Bon souhait/Vœu	1	-	-	1 (1.05%)
Promesses	-	1	-	1 (1.05%)
Hésitation	-	-	1	1 (1.05%)
Regrets	-	-	1	1 (1.05%)
Total	8	33	52	93 (100%)

Des 93 occurrences recensées, il y a 48 (51.6%) expressions de gratitude, 20 (21.6%) expressions de bonne foi, 6 (6.4%) demandes et questions, 6 (6.4%) actes de valorisation, 4 (4.3%) salutations de clôture et 2 (3.2%) expressions de déception. Les autres types d'actes subordonnés présentent chacun un taux d'emploi de moins de 2%. On s'aperçoit donc que les expressions de gratitude et les expressions de bonne foi sont les deux actes les plus employés par les Français pour accompagner leurs refus. Les Français et les Camerounais affichent les mêmes préférences en ce qui concerne les deux actes les plus utilisés comme actes subordonnés, même si la fréquence de ces deux actes est sensiblement plus élevée chez les Camerounais (84.3%) que chez les Français (73.2%). Au niveau de la distribution des expressions de gratitude selon les types d'actes initiateurs, le tableau 9 montre que la plupart des remerciements sont employés par les Français lorsque ces derniers repoussent les offres : des 48 expressions de gratitude inventoriées, 43 (89.6%) sont utilisées pour accompagner les refus d'offres. Les expressions de bonne foi sont beaucoup employées quand les Français refusent les invitations.

6.5. Variation des formes d'adresse

Dans les chapitres précédents, nous avons vu que les répondants des deux espaces francophones exploitent divers types de termes ou formes d'adresse pour négocier avec leurs interlocuteurs divers types de rapports marqués par le respect, la déférence, la familiarité, la solidarité, l'affection, la complicité etc., lesquels sont susceptibles de modaliser la force illocutoire des refus exprimés. À la lumière des résultats obtenus dans les analyses précédentes et en regardant la synthèse de ces résultats dans les tableaux 10, 11 et 12, nous pouvons conclure que l'utilisation des formes d'adresse est très différente dans les deux variétés du français.

Du point de vue quantitatif, les résultats indiquent que les Camerounais sont de loin plus productifs en formes d'adresse que leurs homologues français. En effet, les premiers ont employé 219 termes, dont 149 (68%) formes pronominales d'adresse et 70 (32%) formes nominales d'adresse, alors que les derniers ont utilisé 71 termes d'adresse, dont 70 (98.6%) formes pronominales d'adresse et 1 (1.4%) forme nominale d'adresse. Ce résultat semble corroborer le constat de la rareté des formes nominales d'adresse en français de France (cf. Kerbrat-Orecchioni, 1992 : 54) et l'emploi abondant des termes nominaux d'adresse en français du Cameroun (cf. Mulo Farenkia, 2014a et b).

Pour ce qui est des types de formes pronominales d'adresse et de leur distribution par rapport aux actes initiateurs des refus, l'analyse révèle des différences dans les deux variétés du français. Nous commentons tout d'abord les choix relatifs aux formes pronominales.

6.5.1. Variation des formes pronominales

Les Tableau 10 et 11 résument la distribution des types de formes pronominales d'adresse dans les deux variétés étudiées. Le tableau 10 indique que des 149 pronoms d'adresse utilisés par les Camerounais, il y a 74 (49.7%) exemples de « tu », 71 (47.7%) occurrences de « vous », 2 (1.3%) instances de « nous » et 2 (1.3%) exemples de « on ».

Tableau 10. Distribution des formes pronominales d'adresse en français du Cameroun

Type de pronom d'adresse	Demandes	Invitations	Offres	Total
Tu	44	14	16	74 (49.7%)
Vous	33	16	22	71 (47.7%)
Nous	1	1	-	2 (1.3%)
On	-	2	-	2 (1.3%)
Total	78	33	38	149 (100%)

Le tableau 11 montre que des 70 pronoms d'adresse utilisés par les Français, il y a 42 (60%) exemples de « tu », 19 (27.2%) occurrences de « vous », 8 (11.4%) exemples de « on » et 1 (1.4%) occurrence de « on ».

Tableau 11. Distribution des formes pronominales d'adresse en français de France

Type de pronom d'adresse	Demandes	Invitations	Offres	Total
Tu	23	5	14	42 (60%)
Vous	9	5	5	19 (27.2%)
Nous	-	1	-	1 (1.4%)
On	1	7	-	8 (11.4%)
Total	33	18	19	70 (100%)

Les deux pronoms d'adresse les plus employés par les Camerounais, notamment « tu » et « vous », sont majoritairement utilisés quand ces derniers refusent des demandes d'aide. Chez les Français, on note que les deux pronoms préférés sont aussi majoritairement employés dans les refus de demandes d'aide. En comparant les tableaux 10 et 11, on remarque que les Français font plus appel au pronom « tu » que les

Camerounais (France : 60% vs Cameroun : 49.7%). Inversement, les Camerounais utilisent le « vous » beaucoup plus que les Français (Cameroun : 47.7 vs France : 27.2%). Alors que 11.4% des choix des Français portent sur le pronom « on », ce pronom ne représente que 1.3% des choix camerounais. La récurrence des exemples avec « on » dans les refus français pourrait s'expliquer par la pluralité de ses fonctions pragmatiques dans les échanges verbaux en France où le « on » semble s'utiliser de plus en plus comme synonyme de « nous », « vous », etc. L'analyse a aussi relevé des divergences en ce qui concerne l'emploi des formes nominales d'adresse dans les deux variétés du français.

6.5.2. Variation des formes nominales

Étant donné qu'il n'y a qu'une seule occurrence de nom d'adresse dans les exemples français, la discussion ici portera exclusivement sur les choix des Camerounais. Le tableau 12 présente la distribution des termes attestés dans le corpus d'étude.

Tableau 12. Distribution des formes nominales d'adresse en français du Cameroun

Type de nom d'adresse	Demandes	Invitations	Offres	Total
Monsieur	15	10	14	39 (55.7%)
Madame	5	3	-	8 (11.4%)
Mademoiselle/Demoiselle	2	1	-	3 (4.3%)
Cher frère	1	-	-	1 (1.4%)
Mon cher/ma chère	2	-	-	2 (2.8%)
Ma sœur	-	1	-	1 (1.4%)
Ma puce	-	1	-	1 (1.4%)
ma copine	-	2	1	3 (4.3%)
Mon pote	-	1	-	1 (1.4%)
Cher ami /chère amie	-	2	1	3 (4.3%)
L'amie	-	1	-	1 (1.4%)
Camarade	-	2	-	2 (2.8%)
Professeur	-	2	-	2 (2.8%)
Mon (gars)	-	-	2	2 (2.8%)
Patron	-	-	1	1 (1.4%)
Total	25	26	19	70 (100%)

Il appert des résultats présentés dans le Tableau 12 que les termes honorifiques « *monsieur* » et « *madame* » sont les formes nominales les plus fréquemment employées par les Camerounais. Il est important de préciser ici que ces termes sont utilisés dans les interactions asymétriques et les situations où les interlocuteurs ne se connaissent pas bien. Ces deux termes représentent plus de 67% de tous les noms d'adresse attestés. On note cependant que le terme *« monsieur »* est nettement plus utilisé que *« madame »*. Cette différence statistique semble refléter le caractère d'une société largement dominée par les hommes. Les autres termes honorifiques identifiés, notamment *« professeur »* et *« patron »*, sont nettement moins nombreux. En plus des termes honorifiques, les répondants ont fait usage des termes de parenté tels que *« cher frère »*, *« ma sœur »*, etc. et les termes affectifs comme *« ma puce »*, *« ma copine »*, etc., qui sont distribués différemment selon qu'ils refusent les demandes, les invitations ou les offres. On note tout de même que les termes affectifs s'emploient beaucoup plus quand les Camerounais repoussent les invitations.

6.6. Conclusion

Ce chapitre avait pour objectif de rendre compte de la variation des formulations du refus en fonction des types d'actes initiateurs dans les deux variétés du français. Les résultats obtenus indiquent des similitudes et différences en termes de fréquences des types de refus directs et indirects, des types d'actes subordonnés et des types de termes d'adresse dans les exemples produits par les répondants des deux espaces francophones.

Conclusion générale

Cette étude avait pour objectif de scruter et comparer la manière dont les répondants camerounais et français refusent des demandes de service, invitations et offres de leurs amis, leurs camarades de classe, leurs enseignants et employeurs et de personnes inconnues. Il a été aussi question de mettre en lumière l'impact des variables telles que le degré de familiarité et la distance hiérarchique entre les interlocuteurs ainsi que les types d'actes initiateurs sur les choix des formulations. Pour atteindre ces objectifs, nous avons situé notre étude dans le cadre de la pragmatique différentielle des français régionaux, la pragmatique des actes communicatifs et la théorie de la politesse. Sur le plan méthodologique et obéissant aux principes de la pragmatique différentielle telle que développée par Schneider et Barron (2008), nous avons utilisé un corpus de données comparables, recueillies auprès d'un groupe d'étudiants francophones de l'université de Yaoundé et d'un groupe de locuteurs natifs du français de France, par ailleurs étudiants de l'université de Toulouse. L'analyse des données s'est effectuée selon plusieurs axes et les résultats obtenus laissent apparaitre de nombreuses similitudes et différences entre les deux groupes de répondants francophones.

Les types d'actes employés

Sur le plan des types d'actes employés, l'analyse du corpus a révélé que les répondants des deux espaces font aussi bien appel aux micro-actes qu'aux macro-actes pour repousser les offres, demandes et invitations qui leur sont destinées. Les macro-actes attestés de part et d'autre se composent généralement de plusieurs actes de langage dont l'un (l'acte central) sert à exprimer le refus proprement dit, tandis que les autres (les actes subordonnés) adoucissent ou amplifient la force illocutoire de l'acte central. Dans cette perspective, nous avons voulu vérifier et comparer les fréquences des actes centraux et des actes subordonnés utilisés par les répondants des deux groupes dans les neuf situations de l'enquête. Les résultats suivants ont été obtenus. Globalement, les répondants camerounais sont nettement plus productifs que leurs homologues français (Cameroun : 516 actes individuels ; France : 445 actes individuels). Des 516 actes individuels employés par les Camerounais, 402 (78%) sont des actes centraux et 114 (22%) sont des actes subordonnés. Sur les 445 actes ou énoncés employés par les

Français, il y a 352 (79%) actes centraux et 93 (21%) actes subordonnés. Quoi qu'il en soit, les répondants des deux espaces francophones emploient majoritairement les actes centraux lorsqu'ils déclinent les offres, invitations et demandes d'aide.

La réalisation des actes centraux

Nous avons également voulu mieux cerner les formes de réalisation des actes centraux. Premièrement, nous avons constaté que les actes centraux se réalisent de manière directe ou indirecte. Ensuite, nous avons comparé la fréquence des actes centraux directs (refus indirects) et celle des actes centraux indirects (refus indirects) dans les exemples des Camerounais et Français interrogés.

Les résultats obtenus indiquent que les refus directs et les refus indirects ne se répartissent pas de la même manière dans les deux variétés du français. En effet, des 402 actes centraux mobilisés par les Camerounais, 309 (77%) sont des actes ou refus indirects et 93 (23%) sont des actes ou refus directs. Chez les informateurs français, on observe que des 352 actes centraux utilisés, 260 (74%) sont des actes indirects et 92 (26%) sont des actes ou refus directs. On constate donc que les Camerounais emploient légèrement beaucoup plus d'actes centraux indirects que leurs homologues Français (Cameroun : 77% vs. France 74%) et que, inversement, les Français recourent beaucoup plus aux actes centraux directs que les informateurs camerounais (France : 26% vs. Cameroun : 23%). L'analyse révèle aussi que les taux d'emploi des actes centraux et actes subordonnés varient en fonction des types d'actes initiateurs et des types de rapports interpersonnels entre les interlocuteurs dans les deux variétés du français.

En ce qui concerne les types de refus directs, les résultats montrent que les répondants camerounais et français emploient quatre types de stratégies directes : ils peuvent (1) dire non, (2) indiquer qu'il leur est impossible de répondre favorablement aux invitations, demandes ou offres formulées par leurs interlocuteurs, (3) recourir aux formules explicites performatives ou (4) indiquer un manque d'intérêt par rapport aux offres, demandes ou invitations de leurs vis-à-vis. L'analyse a aussi révélé que les répondants des deux pays emploient majoritairement la stratégie directe qui consiste à indiquer l'impossibilité de répondre favorablement aux invitations, offres ou demandes d'aide formulées. Et il faut préciser ici que les Camerounais utilisent beaucoup plus d'occurrences que leurs homologues français. En effet, des 93 refus directs énoncés par les répondants camerounais, 63 (67.8%) servent à dire l'impossibilité d'accepter les offres, les demandes et les invitations. Chez les Français, on note que sur les 92 refus directs proposés, il y a 55 (59.8%) cas d'impossibilité de donner une suite favorable aux invitations, offres et demandes de service. À cette différence statistique s'ajoute le fait que les formes de réalisation déployées par les locuteurs des deux variétés du français ne sont pas toujours les mêmes. De plus, nous avons constaté que la deuxième stratégie directe préférée des informateurs des deux groupes est le « non » : cette stratégie représente 19 (20.4%) exemples des refus directs camerounais et 29 (31.5%) occurrences des refus directs français. Toutefois, ces deux groupes ont en commun le fait que leurs « non » sont toujours adoucis moyennant d'autres types d'énoncés. Il en va ainsi avec les énoncés performatifs explicites, qui sont généralement atténués de part et d'autre par le biais de procédés lexicaux, morphologiques et syntaxiques et moyennant différents types de refus indirects et d'actes subordonnés.

Pour repousser les invitations, offres et demandes d'aide de manière indirecte, les Camerounais et les Français interrogés s'appuient sur plusieurs types d'énoncés et d'actes de langage. Nous avons donc examiné les différents types de stratégies indirectes attestés dans le corpus. Les résultats indiquent tout d'abord que les répondants des deux espaces emploient les actes suivants pour refuser indirectement : les justifications/explications, les excuses/regrets, les reproches, les dissuasions, les suggestions/conseils, les promesses, les allusions aux principes, les expressions de préférence, entre autres. L'analyse des fréquences, formes de réalisation, fonctions et variations stylistiques de ces stratégies indirectes révèle de nombreuses similitudes et différences dans les deux variétés du français. On a observé par exemple que les répondants des deux groupes utilisent le plus fréquemment les justifications et les excuses et regrets pour exprimer indirectement leurs refus. En effet, des 309 refus indirects produits par les Camerounais, il y a 130 (42%) justifications et 74 (24%) excuses et regrets. Chez les Français, on note que sur les 260 refus indirects identifiés, 125 (48%) sont des justifications et 68 (26.2%) sont des excuses et regrets. Si les deux groupes utilisent beaucoup plus les justifications et excuses, les taux d'emploi de ces types de refus indirects ne sont pas les mêmes de part et d'autre. Dans la même veine, la distribution des justifications et excuses varie dans les deux variétés du français selon que les répondants repoussent les invitations, les offres et les demandes de service.

Concernant les autres stratégies indirectes, les résultats révèlent que leur ordre de préférence n'est pas toujours le même dans les exemples camerounais et français. C'est ainsi qu'on a constaté que les reproches constituent, avec 27 (8.8%) occurrences, la troisième stratégie indirecte préférée des Camerounais, alors que les dissuasions sont, avec 18 (7%) exemples, la troisième stratégie indirecte la plus récurrente chez les Français. De plus, nous avons noté que les dissuasions sont, avec 20 (6.5%) énoncés, la quatrième stratégie indirecte la plus employée par les Camerounais, tandis que les reproches, suggestions et conseils sont, avec respectivement 15 (5.8%) exemples, la quatrième stratégie indirecte préférée des Français. S'agissant de la réalisation des autres types de refus indirects (promesses, allusions aux principes, expressions de préférence, etc.), l'analyse a permis de documenter plusieurs divergences dans les deux variétés du français.

L'adoucissement et l'amplification des refus

Sur le plan de l'atténuation et de l'amplification des refus, l'analyse a permis de mettre au jour deux stratégies majeures : (1) le recours aux actes subordonnés ou actes d'accompagnement pour modaliser l'intensité des refus et (2) l'emploi des procédés lexicaux, morphologiques et syntaxiques pour modifier la force illocutoire des actes de refus.

L'emploi des actes subordonnés

On a vu que les répondants des deux groupes francophones s'appuient sur divers types d'actes subordonnés pour modaliser la force illocutoire et la valeur socio-communicative de leurs refus. Des 114 actes subordonnés réalisés par les Camerounais, 72 (63.3%) sont des expressions de gratitude, 24 (21%) sont des expressions de bonne foi, 7 (6%) sont des actes de valorisation, 4 (3.5%) sont des demandes et questions diverses et les autres actes présentent des taux d'emploi très faibles. Sur les 93 actes subordonnés mobilisés par les Français, 48 (51.6%) sont des expressions de gratitude, 20 (21.6%) sont des expressions de bonne foi, 6 (6.4%) sont des valorisations, 6 (6.4%) sont des demandes et questions diverses, 4 (4.3%) sont des salutations de clôture, 3 (3.2%) sont des expressions de déception et les autres actes ont des fréquences nettement plus faibles. Ces observations suggèrent qu'une forte majorité des

Camerounais et Français interrogés pensent qu'il est approprié d'exprimer sa gratitude lorsqu'on repousse les offres, invitations ou demandes d'autrui. D'autant plus que cette stratégie de politesse permet de mitiger les effets potentiellement négatifs des refus sur les faces des destinataires. On note sur ce plan que les répondants camerounais se montrent beaucoup « reconnaissants » que leurs homologues français. Les résultats révèlent aussi que les Camerounais sont légèrement plus productifs que les Français concernant les expressions de bonne foi, le deuxième type d'acte subordonné le plus fréquent dans les deux espaces.

Les autres procédés d'adoucissement et d'amplification

L'analyse de l'activité de modalisation des refus moyennant les procédés lexicaux, morphologiques et syntaxiques a permis de relever quelques similitudes et différences entre les répondants camerounais et français concernant les types, fréquences et les fonctions des procédés mis en œuvre. On note que les informateurs des deux pays recourent le plus fréquemment aux adoucisseurs et aux intensificateurs. Alors que les adoucisseurs servent à atténuer les refus directs et quelques refus indirects, les intensificateurs sont employés pour amplifier la connotation positive de certains refus indirects. Les durcisseurs, qui sont nettement moins nombreux, s'emploient pour amplifier les effets négatifs des refus directs et ceux de certains refus indirects.

S'agissant des formes d'adresse, il a été démontré que, si ces éléments jouent un rôle important dans la modalisation des refus attestés, leurs choix divergent énormément dans les deux groupes. Les Français emploient essentiellement des formes pronominales d'adresse, tandis que les Camerounais font aussi bien appel aux formes pronominales qu'aux formes nominales d'adresse. Chez les Français, on a pu inventorier plusieurs cas d'utilisation des pronoms d'adresse « tu » et « vous » pour marquer le caractère informel et symétrique ou formel de l'échange et plusieurs occurrences du pronom « on ». L'emploi récurrent du pronom « on » dans les refus français semble s'expliquer par le fait que ce pronom peut remplir diverses fonctions pragmatiques et avoir plusieurs types de référents. En outre le pronom « on » s'emploie de plus en plus comme synonyme du pronom « nous » dans les échanges informels en France (cf. Peeters 2006 ; van Compernolle 2008). En revanche, le pronom « on » est rare dans les exemples camerounais, où l'on note plutôt la tendance à l'emploi du « tu » familier en association avec des noms d'adresse en situations informelles et à l'emploi du *« vous »* formel en combinaison avec *« monsieur/madame »* pour exprimer le respect envers les supérieurs. Contrairement aux répondants camerounais qui recourent abondamment aux termes honorifiques, les Français se contentent du vouvoiement. L'absence des formes nominales d'adresse dans les exemples français corrobore les résultats de quelques recherches sur les termes nominaux ou noms d'adresse en français de France. On peut citer, à titre d'exemple, Charaudeau et Maingueneau (2002 : 32) qui ont constaté qu'en « France, il semble bien […] que l'on assiste aujourd'hui à une raréfaction notable de l'emploi des noms d'adresse » et Kerbrat-Orecchioni (1992:54), qui parle, quant à elle, d'une « crise des appellatifs » en français de France.

Les formes nominales d'adresse identifiées dans les exemples camerounais sont nombreuses et diverses et elles servent à remplir diverses fonctions d'atténuation des refus. Certains des termes nominaux d'adresse inventoriés apparaissent essentiellement dans les situations informelles où elles servent à indiquer la parenté, la solidarité, l'intimité, ou l'appartenance au même groupe. Ce choix semble déterminé par l'ethos communicatif des membres d'une société camerounaise collectiviste où on fait généralement usage desdits termes comme stratégies de politesse pour adoucir les actes menaçants (requêtes, reproches, etc.) ou renforcer les actes flatteurs (compliments, salutations, vœux, entre autres (cf. Mulo Farenkia, 2015c). Dans cette perspective, on peut dire que les termes nominaux d'adresse recensés dans notre corpus d'étude sont mobilisés par les répondants pour adoucir leurs refus et préserver l'harmonie sociale. On a aussi observé que les autres formes nominales d'adresse attestées dans les exemples camerounais, notamment « monsieur », « madame », « professeur » et « patron », sont employées dans les situations formelles pour exprimer le respect et la déférence envers l'interlocuteur en position haute. Elles servent dans ces situations à lénifier les effets négatifs des refus exprimés sur les faces des interlocuteurs en position d'autorité.

Le refus comme acte menaçant

En somme, les résultats confirment que l'acte de refus est perçu par les répondants des deux espaces francophones comme une activité communicative particulièrement offensante et que les locuteurs interrogés, faisant face à une situation de double contrainte, sont généralement disposés à adoucir leurs refus. Cette disposition les amène à déployer toute une gamme de stratégies par lesquelles ils visent à la fois à dire non aux demandes, invitations et offres de manière claire tout en ne portant pas atteinte aux faces de leurs interlocuteurs. À cet effet, ils font montre de précautions oratoires diverses se manifestant généralement par des formulations directes atténuées et des formulations indirectes, s'accompagnant le plus souvent d'actes subordonnés flatteurs et par le cumul de procédés de politesse. On peut donc dire que les stratégies déployées par les informateurs des deux espaces francophones révèlent de ces derniers sont généralement tournés vers posture d'apaisement dans les échanges offres-refus, invitations-refus et demandes-refus.

Mais ce résultat ne devrait pas occulter le fait que certains répondants des deux espaces adoptent plutôt l'option d'affrontement marquée par le durcissement de leurs refus. On assiste alors à l'actualisation de refus plus ou moins brutaux, lesquels s'accompagnent, dans certains cas, d'actes menaçants tels que les reproches et/ou sont durcis moyennant divers procédés lexicaux et syntaxiques. Cette posture pousse les locuteurs en question à adopter le statut de donneur de leçon, au risque de troubler les rapports interpersonnels. Mais il faut préciser toutefois que le recours à cette posture impolie, varie dans notre corpus d'étude en fonction du poids du degré de familiarité, de la distance hiérarchique et du degré d'imposition des types d'actes initiateurs en réaction auxquels viennent les refus. C'est ainsi que nous avons remarqué que les reproches et autres procédés de durcissement ne sont pas employés dans les situations où les Français et Camerounais interrogés refusent les offres, invitations et demandes d'aide de leurs professeurs et patrons. Par contre, ils font des reproches lorsqu'il s'agit de repousser les demandes de notes de cours formulées par leurs amis. Cette stratégie d'impolitesse est aussi attestée quand les Camerounais refusent les demandes de prêter leurs téléphones portables à des personnes inconnues afin que ces dernières puissent passer un coup de fil urgent. Les refus impolis ou brutaux sont aussi attestés lorsque les informateurs camerounais réagissent aux offres de prêt d'argent faites par leurs amis.

Perspectives de recherche

Cette étude était avant tout exploratoire et les données sur lesquelles elle repose ne permettent pas d'aboutir à des généralisations plausibles. Si elles permettent de comprendre quelques aspects du style interactionnel français et de l'ethos communicatif camerounais dans le domaine du refus, il faudrait approfondir les analyses effectuées ici en utilisant d'autres types de données (conversations spontanées, entretiens semi-dirigés, etc.) recueillies auprès des participants d'autres tranches d'âge et groupes sociologiques dans les deux pays. Par ailleurs, l'on ne devrait pas perdre de vue que nos données ont été sollicitées en dehors de tout cadre de spontanéité réelle et qu'il existe une marge de distorsion entre les réponses qu'une personne donne à une consigne écrite et les réactions qu'une personne peut avoir dans une situation réelle, qui n'implique pas seulement la rationalité, mais également les émotions. Autrement dit, il est fort possible que les résultats obtenus ici ne puissent pas s'appliquer à tous les Français et Camerounais qui refusent les invitations, offres et demandes d'aide. Il serait donc nécessaire de recourir aux données non sollicitées et provenant de plusieurs situations de communication pour mieux comprendre le fonctionnement du refus dans les interactions verbales au Cameroun et en France. Ces conversations naturelles devraient permettre une approche interactionniste (cf. Kerbrat-Orecchioni ; 2005a : 53-80) du fonctionnement du refus en France et au Cameroun. Une autre piste d'analyse intéressante serait une étude comparée du refus dans d'autres variétés régionales du français. Au-delà de ces regards contrastifs, il faudrait aussi effectuer une analyse interculturelle proprement dite, axée sur l'examen des actes communicatifs (à l'instar du refus) dans les échanges verbaux entre locuteurs de deux ou plusieurs variétés régionales du français.

Références bibliographiques

Anchimbe, Eric & Janney, Richard (2011): "Postcolonial pragmatics: An introduction". In: *Journal of Pragmatics* (Special Issue: *Postcolonial Pragmatics*), 43(6), p. 1451-1459.

Avodo Avodo, Joseph (2012) : *La politesse dans la relation interlocutive en classe : des enjeux de faces aux enjeux opératoires. Une analyse pragmatico-discursive des interactions en classe de langue.* Thèse de doctorat en Sciences du langage. Université de Bergen.

Barron, Anne & Klaus P. Schneider (2009): "Variational pragmatics: Studying the impact of social factors on language use in interaction". In: *Intercultural Pragmatics* 6, p. 425-442.

Beal, Christine (2010) : *Les interactions quotidiennes en français et en anglais. De l'approche comparative à l'analyse des situations interculturelles.* Bern : Peter Lang.

Berrier, Astrid (2000) : « Refus et politesse », In : Wauthion, M. & Simon, A.C. (dir.), *Politesse et idéologie. Rencontres de pragmatique et de rhétorique conversationnelles*, Louvain, Peeters, p. 145-155.

Blum-Kulka, S., House, J., & Kasper, G. (eds.) (1989): *Cross-cultural pragmatics: Requests and apologies.* Norwood: Ablex Publishing.

Brown, Penelope & Levinson, Stephen (1987): *Politeness: Some Universals in Language Usage.* Cambridge: Cambridge University Press.

Charaudeau, Patrick & Maingueneau, Dominique (dir.) (2002) : *Dictionnaire d'analyse du discours.* Paris: Seuil.

Clyne, Michael (éd.) (1992): *Pluricentric languages. Different norms in different nations.* Berlin et New York : Mouton de Gruyter.

Croll, Anne (1995) : « Le refus médiatisé un acte de construction du politique ». In : *Mots*, 45, p. 82-97.

Drescher, Martina (2009) : "Sacres québécois et jurons français : Vers une pragmaticalisation des fonctions communicatives ?" In : Bagola, Béatrice (éd.), *Français du Canada – Français de France. Actes du huitième colloque international de Trèves, du 12 au 15 avril 2007.* Tübingen : Niemeyer, p. 177- 185.

Dubois, Caroline (2000) : *La grammaire de l'exclamation : aspects théoriques, français de référence et français québécois.* Mémoire de Maîtrise en linguistique. Université de Sherbrooke.

Johns, Andrew & Félix-Brasdefer, J. César (2015): Linguistic politeness and pragmatic variation in request production in Dakar French. In: *Journal of Politeness Research*, 11(1), p. 131–164.

Kerbrat-Orecchioni, Catherine (2014): (Im)politesse et gestion des faces dans deux types de situations communicatives: petits commerces et débats électoraux. In: Pragmática Sociocultural / Sociocultural Pragmatics, 8, p. 293-326.

Kerbrat-Orecchioni, Catherine (2005a). *Les actes de langage dans le discours. Théorie et fonctionnement.* Paris : Armand Colin.

Kerbrat-Orecchioni, Catherine (2005b) : *Le discours en interaction*. Paris : Armand Colin.

Kerbrat-Orecchioni, Catherine (1992) : *Les interactions verbales, vol 1*. Paris : Armand Colin.

Kerbrat-Orecchioni, Catherine (1998) : *Les interactions verbales, vol 3*. Paris : Armand Colin.

Kerbrat-Orecchioni, Catherine (1996) : *La conversation*. Paris : Seuil.

Manno, Giuseppe (1999) : « Savoir refuser à l'écrit: analyse d'un enchaînement non préféré de macro-actes ». In : *Journal of French Language Studies*, 9, p. 39-68.

Mbow, Fallou (2011) : « L'acte de refus et le fonctionnement de la politesse dans les rencontres commerciales». In: *LIENS*, 14. P. 181-206. Disponible sur http://fastef.ucad.sn/travaux/fallou/article2.pdf/. Consulté le 10/06/2017.

Mulo Farenkia, Bernard (2017a) : « Expression du refus et variation régionale dans l'espace francophone ». In : *MYRIADES. Revue d'études francophones*, Volume 3, p. 47-61.

Mulo Farenkia, Bernard (2017b) « Pragmatique et variation régionale du français: L'expression du refus au Cameroun et en France". In: *Intel' Actuel*, 16, p. 73-101.

Mulo Farenkia, Bernard (2016) « Refuser poliment une offre dans les interactions verbales au Cameroun ». In : Bernard Mulo Farenkia (éd.), *Im/politesse et rituels interactionnels en contextes plurilingues et multiculturels. Situations, stratégies et enjeux*. Frankfurt am Main: Peter Lang. p. 153-186.

Mulo Farenkia, Bernard (2015a): "Invitation refusals in Cameroon French and Hexagonal French". In: *Multilingua - Journal of Cross-Cultural and Interlanguage Communication*. 34(4), p. 577–603.

Mulo Farenkia, Bernard (2015b): « Décliner une offre en français au Cameroun ». In: Lingue Linguaggi 13, p. 163-184. En ligne:

file:///C:/Users/bernard_farenkia/Downloads/14504-118179-1-PB.pdf. Consulté le 06 mars 2017.

Mulo Farenkia, Bernard (2015c). « La politesse verbale à l'écran : analyse de quelques feuilletons télévisés camerounais ». In : Martina Drescher (éd.), *Médias et dynamique du français en Afrique sub-saharienne.* Frankfurt am Main: Peter Lang, p. 165-182.

Mulo Farenkia, Bernard (2014a): *Speech acts and politeness in French as a pluricentric language. Illustrations from Cameroon and Canada.* Münster: LIT Verlag.

Mulo Farenkia, Bernard (2014b): « L'ethos (culturel) camerounais au miroir des pratiques de la politesse ». In : Boissonneault, Julie et Ali Reguigui (éds) : *Langue et territoire. Études en sociolinguistique urbaine.* Université Laurentienne, Série monographique en sciences humaines / Human Sciences Monographic Series 15, p. 271-297.

Mulo Farenkia, Bernard (2014c) « Refuser poliment une invitation en français au Cameroun ». In : *PAMAPLA 37/ACALPA* 37, p. 19-32. [En ligne], http://www.unb.ca/fredericton/arts/departments/french/apla-alpa/pdfs/vol37_2013/pamapla-37.pdf.

Mulo Farenkia, Bernard (2012a): "Compliment strategies and regional variation in French: Evidence from Cameroon and Canadian French". In: *Pragmatics 22(3)* [Quarterly Publication of the International Pragmatics Association], p. 447-476.

Mulo Farenkia, Bernard (2012b): "Expressing admiration in Quebec French and Cameroon French: A study in variational pragmatics". In: *PhiN* 60, p. 48-66.

Mulo Farenkia, Bernard (2012c): "Responding to Compliments in Cameroon French and Canadian French". In: *US-China Foreign Language* 10(5), p. 1135-1153.

Mulo Farenkia, Bernard (2012d): « Actes de langage et variation en français périphériques: étude comparée du compliment chez les jeunes au Québec et au Cameroun ». In : *Alternative francophone* 1(5), p. 1-25.

Mulo Farenkia Bernard (2008) : « Comprendre l'ethos communicatif camerounais ». In : Mulo Farenkia, Bernard (éd.) : *De la politesse linguistique au Cameroun.* Frankfurt am Main : Peter Lang, p. 11-29.

Mulo Farenkia Bernard (2007): « De la proximité à la confrontation: des styles communicatifs au Cameroun». In: *Sudlangues* 8, p. 13-44. En ligne: http://www.sudlangues.sn/IMG/pdf/doc-212.pdf.

Peeters, Bert (2006) : «Nous on vous tu(e): La guerre (pacifique) des pronoms personnels ». In : *Zeitschrift für romanische Philologie* 122 (2), p. 221-220.

Pöll, Bernhard (2005*)*: *Le français langue pluricentrique? Étude sur la variation diatopique d'une langue standard.* Frankfurt am Main: Peter Lang.

Rohrbacher, Andrea (2010): *Der Sprechakt der Bitte in Frankreich in Quebec. Ein interkultureller Vergleich aus dem Breich der Variational Prgamtics.* Saarbrücken: VDM.

Schneider, Klaus Peter & Barron, Anne (eds.) (2008): *Variational pragmatics: A focus on regional varieties in pluricentric languages.* Amsterdam/Philadelphia: John Benjamins.

Schneider, Klaus Peter (2010): "Variational pragmatics". In: Mirjam Fried / Jan-Ola Östmann / Verschueren, Jef (eds.), *Variation and change. Pragmatic perspectives.* Amsterdam & Philadelphia: John Benjamins, p. 239-267.

Schölmberger, Ursula (2008): "Apologizing in French French and Canadian French". In: Schneider, K. P. & Barron, A. (eds.), *Variational Pragmatics. A Focus on Regional Varieties in Pluricentric Languages,* Amsterdam/Philadelphia, John Benjamins, p. 329-350.

Traverso, Véronique (dir.) (2000): *Perspectives interculturelles sur l'interaction.* Lyon: PUL.

van Compernolle, Rémi (2008): "Nous versus on: Pronouns with first-person plural reference in synchronous French chat". In: *Canadian Journal of Applied Linguistics*, 11, p. 85-110.

Wierzbicka, Anna (2003): *Cross-Cultural Pragmatics: The Semantics of Human Interaction.* Berlin/New York: Mouton de Gruyter.

Zheng, Li-Hua (1998): Langage et interactions sociales. La fonction stratégique du langage dans les jeux de face. Paris: L'Harmattan.

www.ingramcontent.com/pod-product-compliance
Lightning Source LLC
Chambersburg PA
CBHW071412300426
44114CB00016B/2273